自从有了党
文物背后的家国故事

一个民族的集体记忆
中国现当代史的不灭瞬间

周彪 / 著

人民日报出版社

图书在版编目（CIP）数据

自从有了党：文物背后的家国故事 / 周彪著. —北京：人民日报出版社，2022.5
ISBN 978-7-5115-7336-0

Ⅰ.①自… Ⅱ.①周… Ⅲ.①故事—作品集—中国—当代 Ⅳ.①I247.81

中国版本图书馆CIP数据核字（2022）第063852号

书　　名：	自从有了党：文物背后的家国故事 ZICONG YOULEDANG: WENWU BEIHOU DE JIAGUO GUSHI
作　　者：	周　彪
出 版 人：	刘华新
责任编辑：	葛　倩
版式设计：	九章文化
出版发行：	人民日报出版社
社　　址：	北京金台西路2号
邮政编码：	100733
发行热线：	（010）65369527　65369512　65369509
邮购热线：	（010）65369530　65363527
编辑热线：	（010）65363486
网　　址：	www.peopledailypress.com
经　　销：	新华书店
印　　刷：	大厂回族自治县彩虹印刷有限公司
法律顾问：	北京科宇律师事务所　010-83622312
开　　本：	710mm×1000mm　1/16
字　　数：	230千字
印　　张：	16.75
版次印次：	2022年9月第1版　2022年9月第1次印刷
书　　号：	ISBN 978-7-5115-7336-0
定　　价：	58.00元

序言

共产党人的家国情怀

冯 俊

这是一本讲述文物故事的书籍。作者是一名记者,他凭着对党、国家和英雄的热爱,凭着记者的职业敏感性,在采访和调研过程中,从各地博物馆、纪念馆中选取有代表性的文物,通过介绍与文物相关的故事,以小切口呈现无数共产党员为了党的事业接续奋斗跨越百年的壮阔历程。家国情怀,成为本书中大多数故事的主题。

该书以历届党代会作为时间主轴,从党的一大写到党的十九大,因此,这本书也是作者向党的二十大的献礼之作。

中国人的家国情怀古来有之,是中华优秀传统文化的重要组成部分。爱国主义是中国人的重要精神标识,这种宝贵品质在共产党人身上表现得尤为明显。为什么有那么多人愿意为党的事业献身?除了党的事业本身是光荣而伟大的、党组织的巨大凝聚力外,我想还有一个很重要的原因是共产党员的家国情怀。他们以国为家,对自己的国家和人民充满了感情,愿

自从有了党
——文物背后的家国故事

意为了大家而舍弃小家，愿意为国家的富强和人民的幸福奋斗终生，甚至不惜献出自己宝贵的生命！

　　书中许多反映党员家国情怀的故事是感人至深的。革命烈士龙大道生前在给父亲的家书中，表达了他对贵州老家乡亲们悲惨生活的同情，这种对百姓的感情成为他走上革命道路的重要驱动力。湖南籍革命烈士熊亨瀚才华横溢，本来可以做一名中学教师安于一隅，但当他看到军阀混战、民生凋敝，于是在一片白色恐怖中主动寻找革命队伍。在为革命四处奔走的过程中，他写下了"大地春入海，男儿国是家"的豪迈诗章。在解放战争渡江战役中牺牲的一名叫陶迅的小记者，他在渡江战役中冒着战火率先踏上江岸，最终触雷牺牲。就在他牺牲当天，远方的父亲收到了他的信。他向父母袒露心迹："我为什么要参加革命自找辛苦呢？因为我当时已看出共产党是人类最合理的一种党派，我是读书明理的人，如果共产党不好，我也不会冒了许多危险，吃了多少苦，参加革命事业。""两弹一星"功勋郭永怀本来可以在美国过上优渥的生活，但当他看到新中国成立，便克服重重阻碍回到祖国，为"两弹一星"事业鞠躬尽瘁。在生命的最后时刻，他依然用身体保护着珍贵的实验数据……中国共产党人的红色基因和革命精神在书中得到充分的展现。

　　个人的前途命运与国家的前途命运息息相关，有国才有家，国家的繁荣富强是个人家庭幸福的重要前提；国家走上了正确的道路，家庭的幸福才最容易获得。如果把本书前后的故事对照起来看，读者容易发现新中国成立之后，特别是改革开放以来的故事，反映了国家的巨大发展和人民生活水平的提高。国家的发展带来了个体事业的成功，我国第一代"打工妹"翁纯贤抓住了深圳发展的机遇，通过自己的努力获得成功，成为我国改革开放大潮中的"第一朵浪花"。改革开放的成功带来了社会经济的繁荣，例如我国最早的"三来一补"企业太平手袋厂，借助改革开放的春风，点燃了全国民营企业利用外资的"星星之火"。

序言 共产党人的家国情怀

与众多大部头党史书籍相比,本书的价值在于这些鲜为人知的历史人物和历史细节的呈现。书中的故事读者可能听说过,但未必知道得那么清楚,特别是书中选取了不少大部头历史著作未曾关注的人物,他们中的很多人或许默默无闻,但他们的故事却感人至深,且具有重要价值。

以文物作为切入口,是本书最大的特色与亮点。书中所选取文物丰富多样,既有家书,也有档案,还有物件,甚至有遗址和旧址。在党史学习教育常态化的今天,这些文物是传承红色基因的重要载体,也是十分重要的"学习资料"。习近平总书记要求我们,"要讲好党的故事、革命的故事、根据地的故事、英雄和烈士的故事,加强革命传统教育、爱国主义教育、青少年思想道德教育,把红色基因传承好,确保红色江山永不变色"。这些文物承载党和人民英勇奋斗的光荣历史,记载中国革命的伟大历程和感人事迹,是党和国家的宝贵财富,是弘扬革命传统和革命文化、加强社会主义精神文明建设、激发爱国热情、振奋民族精神的生动教材。据统计,全国有不可移动革命文物3.6万多处,国有馆藏可移动革命文物超过100万件/套。深挖这些文物背后的故事,精编成册,应该是让文物"说话"的第一步。期待更多类似的书籍出版。

原中共中央党史研究室副主任 中共中央党史和文献研究院原院务委员

目录

序言　共产党人的家国情怀　　001

1921

《共产主义与智识阶级》：预热中国共产党的诞生　　003
　　与党的一大有关的重要理论文献，为什么会在汉口出版？
　　在著作中公开主张建立共产党，作者田诚究竟是谁？

《劳动运动史》：反映建党前夜的思想交锋　　007
　　建党前夜，中国社会有哪些激烈的思想交锋？
　　中国共产党成立后，他们做的第一件事是什么？

1922

二大文献：白色恐怖下的幸存　　015
　　在敌人的封禁和销毁之下，中共党员如何保护革命文献？
　　《共产党宣言》最早期版本，为什么会出现在山东农村？

自从有了党
——文物背后的家国故事

平民女校：中国首批革命女性从这里走来   021
    一所简易的女子学校，为什么会成为革命的熔炉？
    成为一名女革命者，年轻的她们都经历了什么？

1923

马林的衬衫：揭开中共中央迁址之谜   029
    中共三大为何在广州召开？
    短短一年时间里，中共中央机关为何频繁搬迁？

龙大道家书：寄托侗族第一代革命家的救国决心   035
    为了革命，他们为什么能够赴汤蹈火？

"红色股票"：中共早期革命经费重要来源   041
    中共早期革命活动经费从何而来？
    尚在初创阶段的中国共产党，为什么要创办消费合作社？

1925

一块钢板：复刻五卅运动中的血色青春   047
    为什么上海大学被国民党右派称为"赤色大本营"？

侯绍裘的借条：尽显革命之艰难   052
    当革命活动遭遇经济困难，革命者如何应对？

1927

蔡以忱的砚台：见证中央监察委员会的诞生   059
    在一片白色恐怖中，中共五大如何在武汉召开？

目 录

收条与回信：万元巨款支持南昌起义   063
    南昌起义的经费问题是怎么解决的？
    南昌起义部队如何妥善处理捐款？

1928

熊亨瀚的遗书：透出中国革命的曙光   071
    是什么驱使他放弃优渥的生活，走上艰难的革命道路？
    念及高堂父母和膝下儿女，身陷囹圄的革命者心境是怎样的？

一个盐罐：盛下井冈山的艰苦岁月   077
    面对敌人的残酷封锁，井冈山根据地军民如何解决缺盐难题？

1945

七大代表证：一对伉俪革命之旅的印记   083
    中共七大为何多次延期？
    700多名七大代表如期参会，途中经历了哪些危险？

司机证：掩护一段冒死寻党的历程   089
    在复杂斗争环境中，失联党员如何寻找党组织？
    在中共高层巨变的危机关头，"一号机密"如何脱险？

陶迅绝笔：重现解放战争中"不见硝烟的战场"   095
    为什么有"舆论场是不见硝烟的战场"的说法？

1956

解放牌汽车：为新中国工业化开路   101
    我国的第一辆汽车是如何制造出来的？

自从有了党
——文物背后的家国故事

郭永怀家书：留下"两弹一星"功勋的遗憾　　106
研究成果至关重要，郭永怀为何要烧掉？

吴祖太的煤油灯：永远照亮红旗渠　　112
红旗渠为什么被称为"水利奇迹"？

☭ 1969

九大出席证：再现石油工人坐上主席台　　119
被批斗过的王进喜，为何能够在中共九大时当选为中央委员？

小小树杈：写满战士们的铮铮誓言　　123
珍宝岛自卫反击战中，我军为何能以弱势胜战？
为什么说在珍宝岛一战中战士们的血没有白流？

☭ 1973

求助信：让中国杂交水稻研究团队脱离窘境　　129
袁隆平的杂交水稻研究工作如何躲过"文革"的干扰？

☭ 1977

准考证：难忘1977那年高考　　135
1977年高考为何被安排在冬季？
恢复高考政策出台有哪些幕后故事？

科学大会邮票：纪念"科学的春天，人民的春天"　　140
为什么要举办全国科学大会？
全国科学大会对我国产生了哪些深远影响？

目 录

缝纫机：太平手袋厂吹响改革开放的号角　　　　　　　　145
  一家乡镇企业为何能风靡一时？

1982

凯达厂工作证：引出"打工妹"一词的由来　　　　　　　　151
  第一批"打工妹"，她们现在过得怎么样？
  中国最早的"打工人"生活是什么样的？

1987

土地拍卖第一槌：敲开新中国房地产风起云涌的时代　　　159
  中国房地产大发展起点在哪儿？
  深圳的这场土拍，为什么会引起全国关注？

1992

《东方风来满眼春》手稿：讲述推动改革开放的故事　　　167
  邓小平视察深圳的报道，为什么两个多月后才发表？
  《东方风来满眼春》报道邓小平视察深圳，作者删掉了哪些重要内容？

匿名捐款单：凝结一位老共产党人的爱心　　　　　　　　172
  邓小平为什么要匿名给希望工程捐款？
  他资助的那25个孩子后来怎样了？

钱学森书信：预言VR技术　　　　　　　　　　　　　　177
  为什么早在三十年前，中国就有了关于VR技术的预言？
  钱学森为什么建议VR取名为"灵境"？

自从有了党
——文物背后的家国故事

☭ 1997

交接仪式流程表：见证"一国两制"伟大构想的实践　　185
    香港回归中国政权交接仪式幕后有哪些细节故事？

李向群的救生衣：记录抗洪勇士父偿子愿的故事　　188
    李向群的救生衣上面，为何写着两个人的名字？
    牺牲后，他的家庭发生了哪些变化？

☭ 2002

"英雄"金笔：写下 15 载入世艰辛　　195
    中国的入世谈判，为何长达 15 年？

☭ 2007

李振波的请战书：为汶川地震救援打开一条生命通道　　201
    14 名空降勇士冒死进入震中，经历了哪些生死考验？
    在震中的七天七夜里，他们如何为后续救援打开生命通道？

奥运志愿者服装：中国亮丽的名片　　207
    从 2008 年奥运到 2022 年冬奥，北京两届奥运志愿者有哪些不同？

☭ 2012

航母阻拦索：象征走向海洋的中国航母梦　　213
    航母阻拦索只有少数国家才能生产，它背后有哪些技术难题？
    中国的航母梦，为何直到 2012 年才实现？

目 录

109 枚公章：简政放权的缩影　　218
　　被 1 枚取代的 109 枚公章，为何会被国家博物馆收藏？

2017

开山岛的国旗：高扬着王继才夫妇的爱国情　　223
　　开山岛很小，为什么需要人工看守？
　　在极端恶劣的环境下，王继才夫妇为何能坚持守岛 32 年？

大发渠：引来脱贫致富活水　　229
　　一条水渠，为何修了几十年？

黄文秀的驻村日记：谱写新时代的青春之歌　　234
　　作为外乡人的黄文秀，如何在百坭村克服语言不通的困难？
　　驻村一年多时间里，她做了哪些事？

月壤：标志着中华飞天梦圆　　239
　　中国人带回的月壤与美国人带回的月壤有哪些不同？
　　"嫦娥"采集的月壤会如何处理？

十八洞村扶贫手册：精准扶贫从这里出发　　244
　　十八洞村为何成为精准扶贫理念的诞生地？
　　这里依靠什么脱贫？

抗疫登机牌：致敬最美白衣战士　　249
　　运-20 登机牌，何以在网上"走红"？
　　为什么要制作这种登机牌？

后记　　253

1921

党的足迹

党的一大

1921年7月,中国共产党第一次全国代表大会在上海法租界望志路106号(今兴业路76号)开幕。

参加会议的代表有:上海的李达、李汉俊,北京的张国焘、刘仁静,长沙的毛泽东、何叔衡,武汉的董必武、陈潭秋,济南的王尽美、邓恩铭,广州的陈公博,旅日的周佛海;包惠僧受陈独秀派遣,出席了会议。他们代表着全国50多名党员。共产国际代表马林和尼克尔斯基出席了会议。陈独秀和李大钊因事务繁忙未出席会议。

由于会场受到暗探注意和法租界巡捕搜查,最后一天的会议转移到浙江嘉兴南湖的游船上举行。党的一大宣告中国共产党正式成立。

——《中国共产党简史》

与党的一大有关的重要理论文献,为什么会在汉口出版?
在著作中公开主张建立共产党,作者田诚究竟是谁?

建党前夜,中国社会有哪些激烈的思想交锋?
中国共产党成立后,他们做的第一件事是什么?

与党的一大有关的重要理论文献，为什么会在汉口出版？
在著作中公开主张建立共产党，作者田诚究竟是谁？

《共产主义与智识阶级》：
预热中国共产党的诞生

【文物影像】

这本《共产主义与智识阶级》小册子只有10页，全书5600余字。封面印有中英文对照的书名，顶端还有一行英文小字"All Power to the Workers"（一切权力归工人阶级）。小册子的作者是"田诚"，1921年6月在汉口印刷发行。在它出版发行一个多月后，中国共产党在嘉兴南湖的一条游船上宣告成立。作为较早宣传共产主义的重要著作，这本册子的作者田诚究竟是谁，至今一直没有定论。

《共产主义与智识阶级》，一级文物，中共一大纪念馆馆藏（图片由该馆提供）

自从有了党
——文物背后的家国故事

【家国故事】

首次公开主张在中国建立共产党

五四运动后,马克思主义相关思想在中国广泛传播。1920年秋至1921年春,武汉、长沙、济南、广州等地的共产党早期组织纷纷成立。《共产主义与智识阶级》就是在这种背景下出版发行的。虽然这篇文章的作者和写作情况还不清楚,但可以肯定的是,它是中国第一代马克思主义者的研究成果,而且与中国共产党的成立有着密切的关系,因为文章探索了中国革命的一些最基本问题,公开主张在中国建立共产党。

例如,这篇文章突破了之前将中国社会看作资本主义社会的认识局限,提出了"公共半殖民地"的概念。在这一全新判断的基础上,《共产主义与智识阶级》重新分析了工人、农民、资本家、地主、知识分子等社会各阶级的情况,初步回答了中国革命的对象、领导者和同盟军等基本问题。文中写道,在大都市中"随处可以看见的高楼大厦,哪一个不是劳动者流了许多血汗造成的,现在住的却都是强横无人性的外国或本国的资本家""那些替他们流过血汗的无数劳动者,或是缩在矮小污秽的茅屋里,或是流落在街道上,现出极褴褛饥饿不堪的样子"。

在农村,农民的处境更惨,文章用形象生动的语言描绘了农民的悲惨处境。"他们自己没有田地,或是自己的田地只能够养活几只小鸡,因此他们不得不向地主租点地来耕种",但是地主却可以养尊处优地坐在家中,"得到他的佃户供奉他半数以上的田地产物""更加上军阀的互斗、兵匪的劫掠,造成了惨痛的生活艰难的现状。一般贫民不是惨遭杀戮,就是流离失所,绝大的饥荒也就因此发生了"!

文章指出"我们——特别是无产阶级——所受的种种痛苦,都是私有财产制度赐给我们的。就是军阀官僚的专制,也是依附资本主义与私有财

《共产主义与智识阶级》：预热中国共产党的诞生

产制度，狼狈为奸的"，明确提出中国革命的对象应是国际资本主义即帝国主义以及国内的军阀、资本家和地主。而且，对于"智识阶级"，也就是我们现在说的知识分子阶层，它认为应该把"智识贡献到劳动者的脑袋里去"。所以，文章最后呼吁，作为中国革命领导阶级的工农劳动者，应该和知识分子一道，"在国际红色旗帜之下，推广这个革命的运动"。

究竟谁是"田诚"？

这本小册子的语言极富鼓动性，文风更是大气磅礴。作者田诚究竟是谁，党史研究者存在多种说法。有学者认为田诚是李大钊先生的笔名，这篇文章应该为李大钊所作。

事实上，在中共中央第一份机关报《向导》中，曾出现多篇署名为"田诚"的文章。这些文章大部分发表于1922年至1923年间，根据《向导》的特点，这位"田诚"应该是当时中共中央的某个领导同志。有学者认为，田诚在《向导》周报上发表文章的排序，在第二届中央委员"致中"（即邓中夏）、"特立"（即张国焘），甚至在陈独秀之前，说明田诚在中央的地位是非常高的，很可能田诚就是李大钊。

而且，这篇文章"代表了当时最高的马克思主义水平，提出了中国革命最基本的问题"[①]，也只有李大钊才能写出这样高水平的文章。

近年来，也有学者认为《向导》文章的作者"田诚"很可能是蔡和森，也有学者认为是陈独秀。无论这位"田诚"是谁，我们可以肯定的是，他一定是具有深厚理论功底的共产主义者。

《共产主义与智识阶级》的出版在社会上无疑产生了巨大反响，我们

---

① 冯铁金：《关于"田诚"是李大钊笔名的考证》，《李大钊轶文辑注与研究》，北京线装书局2013年版，第288页。

自从有了党
——文物背后的家国故事

甚至可以推测，这本发表在中共诞生前一个月的小册子，很可能就是一次策划已久的宣传活动的资料，对党的一大的召开起到了统一思想、制造舆论的作用。共产国际代表马林1921年7月7日在给共产国际的信中说："我们的一个同志写了名为《共产主义与智识阶级》的小册子，它当即被一抢而空，还往其他城市寄了一些。"

那么，它的出版地为什么会是汉口？事实上，在中共创建历史上，武汉具有十分重要的地位。1920年8月，共产党早期组织在上海《新青年》编辑部成立，该处成为各地共产主义者进行建党活动的联络中心。随后，董必武、陈潭秋、包惠僧等在武汉率先成立了共产党的早期组织。而且，武汉当时还是重要的马克思主义传播重镇，其重要性仅次于上海和北京。董必武、陈潭秋、恽代英等人当时都在武汉地区，通过书籍、文章等载体传播马克思主义。例如第一本介绍俄国革命和苏俄情况的书《劳农政府与中国》，就是1920年6月由汉口新文化共进社组织刊印的。所以，《共产主义与智识阶级》在汉口印发并非偶然。

> 建党前夜,中国社会有哪些激烈的思想交锋?
> 中国共产党成立后,他们做的第一件事是什么?

《劳动运动史》:反映建党前夜的思想交锋

【文物影像】

这本《劳动运动史》泛黄的封面上写着"劳动学校教科用书:劳动运动史"。旁边还有一行毛笔字字迹"太朴兄批评",落款"光亮敬赠"。这本书是编者施存统(施光亮)赠送给郑太朴的礼物,出版于1922年4月10日。施存统是中国共产党早期党员之一,曾参与上海共产主义小组的创建。郑太朴早年信奉无政府主义,后在共产党人的帮助下信仰马克思主义。中共建党前夕,这两位革命者隔空论战,这本书背后的故事折射出当时复杂激烈的社会思潮。

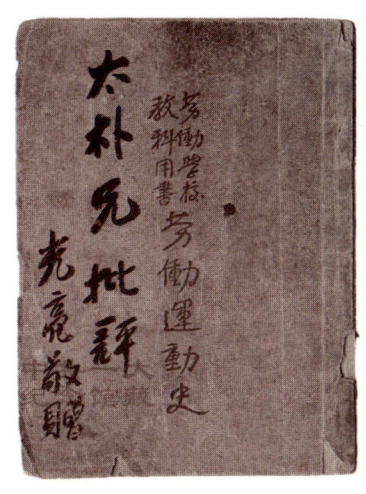

《劳动运动史》,一级文物,中共一大纪念馆馆藏(图片由该馆提供)

自从有了党
——文物背后的家国故事

【家国故事】

与无政府主义者论战

1921年7月,上海。沉闷的空气里,被西方资本主义洗礼过的大街上依然车水马龙,人来人往。人们觉察不到的是,当时的上海,思想的交锋已如暴风骤雨,知识分子通过报纸杂志激烈地讨论着中国将往何处去,中国该建立什么样的政府。

在这些激烈的思想交锋中,影响较大的是马克思主义与无政府主义的论战。无政府主义先于马克思主义来到中国,主张个人绝对自由,废除国家、法律和政治制度,建立一个完全"自由平等"的地方。由于中国近代以来洋务运动、戊戌维新乃至辛亥革命的失败,让许多中国人开始产生"幸福只有靠自己争取"的想法,出现了一批不再相信政府的无政府主义者。

施存统最初也是一个无政府主义者。1919年,在浙江省立第一师范学校读书的施存统因一篇名为《非孝》的文章被学校开除,随后受无政府主

施存统

《劳动运动史》：反映建党前夜的思想交锋

义思想的影响，前往北京参加工读互助团，参加无政府主义的社会实践，失败后受友人资助到日本留学。在日本，他系统学习了马克思主义，成为一名马克思主义者。

1920年8月，上海成立了第一个共产党早期组织，接着，武汉、北京、长沙、济南、广州等地的共产党早期组织纷纷建立。这期间，不少无政府主义者和投机分子也混入其中，这就不可避免地发生了马克思主义者与无政府主义者的论战。

陈独秀以《新青年》为阵地，在国内首先扛起批判无政府主义的大旗。他在1920年9月1日的《新青年》杂志发表文章，批驳无政府主义是"空想"。对无政府主义的批驳一直持续到1921年7月，陈独秀在广州一所学校发表演讲，从科学社会主义高度批判了无政府主义的主张，引起无政府主义者区声白的反对。陈独秀通过三战区声白，更加具体地批驳其荒谬主张，阐述马克思主义观点。

施存统在日本展开了对国内无政府主义者的攻势。1921年5月10日，他在《民国日报》副刊《觉悟》刊发给郑太朴的题为《经济组织与自由平等》的公开信。一周后，该报刊登了郑太朴的回复。7月15日，施存统再发《一封答覆"中国式的无政府主义"者的信》，两天后郑太朴刊文回复。此后，《觉悟》又刊发了施存统写的《再与太朴论主义底选择》。

当然，施存统和郑太朴的隔空对战是建设性的学术探讨，并不影响他们之间的交往。施存统从日本回国后参与了社会主义青年团方面的工作，并将他在中国劳工组合书记部劳动学校授课用的教科书《劳动运动史》送给了郑太朴。

在这场论战中，施存统还批驳了无政府主义的代表人物黄凌霜、区声白等对马克思主义的攻击，强调国家的存在和无产阶级专政的必要性。

这场论战肃清了包括无政府主义在内的各种思想的影响，使马克思主义在中国大地更加深入人心，为党的创立打下了良好的思想基础。

自从有了党
——文物背后的家国故事

创办工人补习学校

这本书封面上还有手写的"劳动学校教科用书"几个字,这里的"劳动学校"其实是指中国劳工组合书记部劳动学校。中国共产党成立十几天后,就在上海建立了领导全国工人运动的总机关——中国劳动组合书记部,揭开了中国工人运动的新篇章。

"劳动组合"一词其实来自日语,当时日本的工会非常发达,但中国各地的工会还没有发展起来,所以总部机构不能称总工会。最后借鉴的日本的叫法,将其称为"中国劳动组合书记部"。

中国劳动组合书记部旧址位于今天的上海市静安区新闸路与成都北路交会的西南路口。在旧址陈列馆二层,几条板凳、一面黑板,立即把参观者带回20世纪20年代初。

1920年秋,中国共产党上海发起组派李启汉到距离新闸路仅3公里的安远路开办了第一所工人半日学校。那里聚集着大量上海的纺织工人,他们大多文化程度低,受资本家的剥削和压迫深重。为了配合工人的劳作时间,学校取名为"半日学校"。但由于冬季来临,报名的工人并不多,开学不久的学校只好提前放假。

1921年春,半日学校重新开学。为了拉近与工人们的距离,李启汉脱掉学生装,与工人们同吃同住;为了增强学校吸引力,他还购置了留声机,尝试以工人俱乐部的形式,将娱乐与学习结合起来。经过半年多的努力,半日学校的学生增加到20多人。在此基础上,李启汉帮助工人组织了沪西纺纱工会,并组织工人参加工人运动。他们的这些活动引起了当局的注意,半日学校很快被租界巡捕房查封。

1921年7月,中共一大在上海召开,会议作出的第一个决议就是开展工人运动,将其作为党的首要任务。十几天后,党领导的中国劳动组合书记部成立,把半日学校扩大为上海第一工人补习学校。当时报名的有200

《劳动运动史》：反映建党前夜的思想交锋

多人，经常到校上课的有 30 余人。中国劳动组合书记部的李启汉、李震瀛、包惠僧等轮流去教课。帝国主义势力对此极为仇视，学校在当年秋天被租界巡捕房查封，李启汉也因形势需要前往香港，支援香港海员罢工。

1922 年秋，中国社会主义青年团上海市委开始续办沪西工人补习学校，学校规模得到扩大，到 1924 年，逐渐在上海的沪西、沪东、浦东等地办成了 7 所工人补习学校。

中共一大纪念馆保存的这本《劳动运动史》就是施存统为工人补习学校编写的教科用书。后来，他将这本书送给了昔日的论战对手郑太朴。

1921 年前后，上海的这些工人夜校不仅宣传了革命思想，提高了工人队伍的觉悟，而且为日后中国革命发掘出了一大批革命力量。

【延伸阅读】

李启汉（1898—1927）

湖南江华人，又名森。早年就读于长沙岳云中学，在校期间积极参加五四运动。1920 年加入上海社会主义青年团。同年加入上海共产党早期组织。后在上海从事工人运动，任中国劳动组合书记部干事兼《劳动周刊》编辑。1925 年任中华全国总工会执行委员兼组织部长。同年参与组织省港大罢工，任省港大罢工委员会中共党团副书记。1926 年任中华全国总工会和省港罢工委员会中共党团书记。1927 年在广州"四一五"反革命大屠杀中被捕，不久被秘密杀害。

施存统（1899—1970）

浙江金华人，原名复亮。早年入浙江省立第一师范学习。1920 年加入上海共产党早期组织，参与成立马克思主义研究会。1922 年任中国社会主义青年团中央局书记。后在上海大学、中山大学、黄埔军校、广州农讲所

自从有了党
——文物背后的家国故事

任教。1927年任武昌中央军事政治学校教官、政治部主任。大革命失败后脱党。后曾任上海大陆大学、广西大学教授。抗战期间,系文化界救国会领导人之一,并曾参与组织民主建国会。1949年9月被选为第一届全国政协常委。新中国成立后,任劳动部副部长、全国人大常委、民建中央常委和副主席等。1970年11月29日在北京病逝。

1922

党的足迹

党的二大

1922年7月,中国共产党第二次全国代表大会在上海举行。出席大会的代表12人,代表全国195名党员。党的二大通过对中国经济政治状况的分析,揭示出中国社会的半殖民地半封建性质,指出党的最高纲领是实现社会主义、共产主义,但在现阶段的纲领,即最低纲领是打倒军阀,推翻国际帝国主义的压迫,统一中国为真正的民主共和国。

——《中国共产党简史》

在敌人的封禁和销毁之下，中共党员如何保护革命文献？
《共产党宣言》最早期版本，为什么会出现在山东农村？

一所简易的女子学校，为什么会成为革命的熔炉？
成为一名女革命者，年轻的她们都经历了什么？

在敌人的封禁和销毁之下,中共党员如何保护革命文献?
《共产党宣言》最早期版本,为什么会出现在山东农村?

二大文献:白色恐怖下的幸存

【文物影像】

1920年8月出版的《共产党宣言》,一级文物,中共一大纪念馆馆藏(图片由该馆提供)

1920年9月出版的《共产党宣言》,一级文物,中共一大纪念馆馆藏(图片由该馆提供)

相信每一位共产党员对《共产党宣言》都不会陌生。毛泽东说,正是《共产党宣言》这部马克思主义著作,使他树立起对马克思主义的信仰。邓小平讲,"我的入门老师是《共产党宣言》和《共产主义ABC》"[①]。正因为这本书的巨大号召力,革命战争年代的反动政府视其为洪水猛兽,不断

---

① 《邓小平文选》第三卷,人民出版社1993年版,第382页。

自从有了党
——文物背后的家国故事

进行封禁和销毁。然而，依然有一批革命志士在白色恐怖中用生命守护这本信仰之书，使革命的火种得以传播和延续下来……

【家国故事】

山穴藏文献

中共一大纪念馆陈列着两本早期的《共产党宣言》中译本，其中一本"9月版"的淡蓝色封面上，"张静泉（人亚）同志密藏山穴二十余年的书报"一行字格外引人注目。这行小字的背后，是一个惊心动魄的故事。

《共产党宣言》最早的德文版出版于1848年。1920年8月，由陈望道翻译的《共产党宣言》首个中文全译本在上海正式出版。这是中文印行的第一本马克思主义经典著作，发行后立刻被抢购一空，当年9月出版了第二版，立刻又销售一空，后来又经过多次出版。《共产党宣言》中文全译本的出版为马克思主义在中国的传播和发展奠定了基础，也为中国共产党的成立提供了理论引导。

当《共产党宣言》在上海火热发行时，22岁的张人亚正在上海积极参加工人示威游行活动。他和其他年轻人一起贴布告、发传单，从事社会政治活动。由于工作积极，1922年11月，张人亚光荣地加入了中国共产党，并被党组织安排到商务印书馆，从事中共中央机关刊《向导》的出版发行工作。他得到《共产党宣言》中译本后，立刻将其收藏起来。

1922年7月，党的二大在上海秘密召开。会后，中央将会议通过的《中国共产党章程》和决议等重要文件印在小册子上，秘密发给党内同志。张人亚深知这些文件的重要价值，拿到后进行了妥善保管。

1927年4月，"四一二"反革命政变爆发，中国革命形势急转直下，

二大文献：白色恐怖下的幸存

国民党反动派大肆搜捕、残害共产党员。当时，在中共江浙区委宣传部工作的张人亚为他手里收藏的这些党内珍贵文献忧心忡忡。1927年底，他秘密回到了宁波老家，将这批文件交给父亲张爵谦保管，随后匆忙离开。如何在一片白色恐怖中保护好儿子郑重托付的文件呢？张爵谦想到了一个好办法。

就在第二年春天，张家后山上多了一座衣冠冢。张爵谦告诉乡亲们，儿子已经在上海牺牲了。他顺利瞒过了附近的村民，没人怀疑坟冢里是什么。事实上，衣冠冢里埋藏的，正是用油纸层层包裹好的文件。张爵谦默默地将这个秘密埋在心底，只希望有朝一日儿子回来，能够"物归原主"。

谁知道，这一等就是几十年。1932年，张人亚接受组织安排，在中央苏区担任印刷局局长。由于长期的艰苦工作，他积劳成疾，不幸于当年冬天去世。由于当时信息不畅，张爵谦并没有收到这个消息。新中国成立后，已经耄耋之年的张爵谦依然没有等来儿子的任何消息，他决定将共产党的东西交给共产党。于是，他打开了当年的墓穴，取出依然完好的文件，由三儿子张静茂带回上海交给有关部门。

张静茂回到上海后刻了两枚纪念章，长方形印章上书"张静泉（人亚）同志秘藏山穴二十余年的书报"，盖在各种书报上；另外一枚正方形的印章上书"张静泉（人亚）同志秘藏"，盖在一些重要的党内文件上。后来，这些珍贵文物分别捐献给了上海工人运动史料委员会和上海革命历史纪念馆筹备处。

除了早期版本的《共产党宣言》中译本和部分书报，这批文物中最珍贵的要数党的二大通过的第一部《中国共产党章程》和二大文件集，这是至今唯一存世的中共二大中文文献，目前珍藏于中央档案馆。现在，张人亚留存下来的大部分文物都已作为国家一级文物，保存在中央档案馆、中国国家博物馆和中共一大纪念馆，成为中国共产党百年历程的重要见证物。

自从有了党
——文物背后的家国故事

乡村传圣火

山东东营市历史博物馆珍藏着另一个早期版本的《共产党宣言》中文全译本,已经褪色的水红色封面隐约可见马克思半身肖像,上面是印错的"共党产宣言"几个字。这就是1920年8月版的《共产党宣言》中文首印版,那印错的书名也成为这一版本的重要标志。目前,全国发现的"八月版"可能只有十几本。这么珍稀的版本,为什么会出现在山东东营市历史博物馆?

东营市历史博物馆

由于当初印数十分有限,加上反动政府的长期封禁,最早期版本的《共产党宣言》在新中国成立后已经难觅踪迹。

1975年1月,《共产党宣言》首个中文全译本的翻译者陈望道在北京开会时,受北京图书馆之邀来到善本组参观,工作人员拿出几种《共产党宣言》的早期版本,请他帮忙鉴定。陈望道从中选出一本,认定该版就是1920年8月印刷的首版。遗憾的是,这一版本缺少封底和版权页,属于残本。

就在同一年秋天,山东省东营市广饶县刘集村一名叫刘世厚的老人,将一本水红色封面的《共产党宣言》捐献给了广饶县博物馆。当时正值

二大文献：白色恐怖下的幸存

"文革"，博物馆对这件文物没有足够重视，一直将它放在库房里。一直到1985年，这本陈旧的册子才引起相关部门重视。消息传到北京，权威研究人员立刻来到广饶，经过仔细考证，揭开了这本书背后鲜为人知的故事。

1921年夏，党的一大代表王尽美、邓恩铭从上海归来时，也带回了《共产党宣言》等马克思主义著作和宣传品。在王尽美、邓恩铭的领导下，山东成立了"马克思学说研究会"，研究会学习的主要文献就是《共产党宣言》。这本书在山东各地辗转，从一个党支部到另一个党支部，从一名党员到另一名党员，到1926年，出现在广饶县刘集村党支部书记刘良才的手里。

广饶刘集党支部成立于1925年春，当时整个支部只有六七个党员。支部书记刘良才经常在晚上召集大家学习《共产党宣言》，宣讲革命道理和文化知识。大家听得津津有味，亲热地把这本书封面上的马克思叫作"大胡子"。

革命的星星之火很快由刘集村燃到广饶全县，1928年12月，中共广饶县委成立，刘良才担任县委书记。大革命失败后，敌人加紧了对广饶共产党组织和党员的搜捕。在白色恐怖下，刘良才和刘集党支部不得不销毁党的机密文件和学习材料，但这本《共产党宣言》被保存了下来。刘良才把它包裹好，藏在家里。

后来，刘良才被省委调往其他地区，临行前，他把这本《共产党宣言》交给刘集村支部委员刘考文保管。1932年8月，广饶党组织受到严重破坏，刘考文估计自己随时有可能被捕，就把它转交给忠厚老实、不太容易引起敌人注意的村民刘世厚保存。

抗战时期，日军和伪军曾三次"扫荡"刘集村，全村房屋几乎被烧光，但这本《共产党宣言》在刘世厚的保护下却安然无恙。解放战争时期，由于国民党部队的侵扰，刘世厚仍不得不到处藏匿这本书，一直到1975年秋，他才放心地把它拿出来捐给了广饶县博物馆。如今，这本书已被评为国家

自从有了党
——文物背后的家国故事

一级革命文物,珍藏在山东省东营市历史博物馆。珍藏它半个多世纪的广饶县刘集村也建起了《共产党宣言》纪念馆,以更加丰富多彩的形式,继续为村民们讲述那个"大胡子"的故事。

刘集村的《共产党宣言》纪念馆

【延伸阅读】

张人亚(1898—1932)

原名守和,字静泉。出生于1898年,1922年加入中国共产党,是上海当时最早的也是仅有的几名工人党员之一。1927年,"四一二"反革命政变发生,白色恐怖笼罩上海,张人亚妥善保管了一批党的重要文件和马克思主义书刊。1931年11月中华苏维埃共和国成立后,张人亚前往瑞金。在苏区,他先后担任中央工农检察委员会委员、中华苏维埃共和国出版局局长兼印刷局局长,出版、印刷与发行了一大批苏区急需的政治、军事、经济、文教等方面的书籍。1932年底,张人亚病逝于从瑞金去福建长汀检查工作的途中,时年34岁。

一所简易的女子学校,为什么会成为革命的熔炉?
成为一名女革命者,年轻的她们都经历了什么?

平民女校:中国首批革命女性从这里走来

【文物影像】

上海老城区延安东路与成都北路交会的高架桥旁边,有一片石库门老房子。这里最醒目的建筑——中共二大会址旧址,如今已经被改造成中共二大会址纪念馆。在纪念馆后面的一排石库门房子的墙上,参观者可以看到一块"平民女校"的石质铭牌。可能因为位置偏僻,这边的游客似乎不多,但在百年前,这片石库门建筑可是风云际会之地。

上海平民女校旧址

自从有了党
——文物背后的家国故事

【家国故事】

石库门里的平民女校

1921年12月10日,上海的《妇女界》半月刊和《民国日报》刊载了一则广告:"平民女学招生简章。"如今,我们可以在中共一大纪念馆看到刊载这则广告的报纸,上面写着:"本校系由上海中华女界联合会所创办,专门普及平民女子教育而设。"

两个月后,位于辅德里42号的这栋石库门房子里突然多了许多年轻女性,她们中有看起来30岁左右、还带着孩子的,也有看起来只有十一二岁的女孩。其实,她们都是刚刚开办的平民女校学生,其中的很多人后来都成为现代史上著名的人物。

1921年10月间,当时担任中国共产党宣传主任的李达和陈独秀商议,要办一所平民女子学校,一方面可以培养妇女运动干部,同时也可以安置各地到上海的党员家属,还可以作为党的地下机关。陈独秀同意了,让李达及其夫人王会悟开始女校的筹办工作。由于当时刚成立的中国共产党还处于秘密状态,不便于公开办学,王会悟找到了当时担任上海中华女界联合会会长的徐宗汉。

王会悟早在五四运动之前就接受了新思想,1919年从湖郡女校毕业后来到上海,经上海学生联合会介绍,结识了刚刚成立的上海中华女界联合会负责人、黄兴的夫人徐宗汉。上海中华女界联合会是当时一个颇有影响力的进步妇女团体,由国民党元老黄兴的夫人徐宗汉、博文女校校长李果等人发起成立。徐宗汉见到王会悟后很高兴,邀请她担任自己的助手,帮忙打理上海中华女界联合会。后来,由于工作关系,王会悟时常出入陈独秀寓所,并在那里认识了刚刚从日本回国的李达,两人被彼此的革命热情吸引。1920年4月,陈独秀夫人高君曼做证婚人,王会悟与李达在位于渔阳里2号的陈独秀家中举行了简单的婚礼。

上海中华女界联合会的办公处位于博文女校内，王会悟对这里很熟悉，所以1921年7月，当各地的中共一大代表以"北大师生暑期旅行团"的名义悄悄抵达上海时，很可能是在王会悟的推荐下，博文女校成为他们的临时住所。而中共一大会址，就在距离博文女校不远处的望志路106号。

所以，要办平民女校，王会悟第一时间去找徐宗汉。徐宗汉欣然同意，决定由上海中华女界联合会出面作为创办单位。而且，当时正好有一所联合会旗下的学校停办，徐宗汉就把那些桌椅板凳都捐给了平民女校。李达家附近有一处房子要出租，他们就租下了辅德里42号，平民女校开学了。

那一串耀眼的名字

1922年2月10日，平民女校在上海正式诞生，各地一些出于各种原因无法入学的女子闻讯而至，经介绍后进入平民女校学习。也有一些有教育基础的女子，被安排在学校的高级班深造。学校30多人，她们来自不同的地方，文化程度参差不齐。

王剑虹和王会悟一样，既是平民女校的重要创建者，也是女校高级班的学生。王剑虹原名王淑璠，早年接受过新式教育。1920年春，她随父亲到上海求学。临行前，父亲为其改名为"王剑虹"，取自龚自珍的诗句"万一禅关砉然破，美人如玉剑如虹"。来到上海后，王剑虹通过熟人介绍进入上海中华女界联合会工作，成为王会悟的同事，并通过王会悟的介绍，结识了陈独秀、李达等人，从此跻身我国早期妇女运动之列。

平民女校开学后，王剑虹进入平民女校学习。在她的介绍下，一位名叫蒋冰之的女学生从湖南来到上海，进入平民女校。她就是后来的女作家丁玲，那年她18岁。

《丁玲自叙》回忆道："学校有初级、高级两班，初级班一二十人，高

自从有了党
——文物背后的家国故事

级班六人（另有两人，染有无政府主义思潮，开学不久便离校了），共二三十人，我在高级班""低级班学生住校，我们高级班六个人住在学校附近的一家客堂楼上""学校除上课外，还配合党的中心工作搞些社会活动"。

王一知（即杨代诚）也是王剑虹介绍过来的学生。在平民女校读书期间，她经常参加刘少奇组织的马列主义研究会，并经刘少奇介绍加入中国共产党，成为党在平民女校发展的第一位党员，也是中共早期为数不多的女党员之一。

1938年初，王一知奉周恩来之命和龚饮冰在上海设立三个秘密电台，定期与延安的党中央联系，担任情报传递工作。李白就是这三个电台中的一名报务员。1942年9月，李白因电台暴露被捕。王一知不顾个人安危，立即通知另外两个电台的人员转移，并将财产处理好后交给了党组织，自己离开上海，到重庆继续从事地下工作。李白后来被敌人杀害，电影《永不消逝的电波》中主人公李侠的原型就是他。新中国成立后，王一知投身教育工作，成为我国著名教育家。

学校的管理人员和授课老师也多是大名鼎鼎的人物。校务主任（校长）先后由李达、蔡和森担任，并相继由王会悟、向警予协助处理日常事务。陈独秀、陈望道、邵力子、高语罕、沈雁冰、沈泽民、张秋人等都曾在学校授课。平民女校开设语文、数学、英文、物理、化学、经济学、教育学和社会学等课程。尤其重视传播马克思主义和分析时事政治，刘少奇、张太雷、恽代英等都为学员作过报告或讲座。

革命的大熔炉

正如招生简章中所言，"本校是我们女子自己创办的学校，专在造就一班有觉悟而无力求学的女子，使其得谋生工具，养成自立精神"，平民女校最大的特色就是半工半读。学生们不仅要在教室里上课，还要去工作部工作、积极参加社会实践和革命活动。可以说，这里就是当时革命的大熔炉。

学校的工作部是学生们参加生产劳动的地方，凡是参加工作部的学生都一律免收学费。初级班的学生多半没有特殊的技能，入学后住校的多，几乎全部参加工作。她们每天上午上课，下午做工，晚上自习，一边学习书本知识，一边学习劳动技能。她们做工的时间限定每天五小时，绝不可以随便延长。在完成工作任务后，她们每天还能得到三角钱的工资，每月收入有六七元，除去伙食费的三元外，还有三四元的零花钱。这对很多穷人家的孩子而言，已经是很不错的收入了。

不仅如此，教师还经常带领学生从事社会活动，参加工人运动。丁玲回忆："那年马克思生日，开纪念会……工人闹罢工，我们到马路上去捐钱，跑到浦东纱厂去讲演，劝工人坚持罢工。我的湖南口音女工们听不懂，张秋人给翻译。"①

1922年杨树浦日华纱厂工人罢工，在施存统、张秋人、彭学梅等人的领导下，平民女校的学生们也积极参加支援纱厂工人罢工的斗争。她们还和上海中华女界联合会的会员一起上街贴标语、发传单，并组织募捐活动，援助罢工工人。她们在这些斗争中逐渐成长和成熟起来。

平民女校还是党的重要联络点。有些外地人到上海找党中央，会先到平民女校，有些从苏联回国的同志也是先到平民女校落脚。党内有些会议也在平民女校召开。

1922年深秋，李达到湖南长沙自修大学任教，夫人王会悟随往，平民女学交由蔡和森和向警予夫妇办理。平民女校教师大多是党的领导同志，由于建党初期的党务工作繁忙，学校的课程也难以正常进行下去。加上党

---

① 《丁玲谈早年生活二三事》，《新文学史料》1986年第2期，第86页。

自从有了党
——文物背后的家国故事

的经费有限,支撑这样一所学校实在困难,所以平民女校于当年年底停办。

平民女校存在的时间虽然不长,但为我党培养出了一批优秀妇女干部,她们成为革命运动中的骨干力量。

【延伸阅读】

徐宗汉(1877—1944)

原名佩萱,广东香山(今中山市)人。1907年赴南洋办学,加入中国同盟会。次年回国与高剑父等在广州组织同盟会分机关。1910年2月在广州新军起义中担任联络工作,密设革命机关,起义失败后避走香港。1911年参与广州黄花岗起义,曾秘制炸弹,并运输军械至广州。事败后亲自护送黄兴赴港,并与黄兴结为革命夫妻。武昌保卫战中,徐宗汉抵鄂参加救护伤兵工作。汉阳失守后赴上海,曾组建广东北伐炸弹队,并任队长。"二次革命"失败后流亡美国,继续从事反袁活动。五四运动时,参与发起和领导上海女界联合会。晚年致力抚育遗孤和抗日救国。1944年3月因肝病在重庆逝世。

1923

党的足迹

党的三大

  1923年6月，中国共产党第三次全国代表大会在广州举行。出席大会的代表30多人，代表全国420名党员。大会决定共产党员以个人身份加入国民党，以实现国共合作。明确规定共产党员加入国民党时，党必须在政治上、思想上、组织上保持自己的独立性。大会选举产生了中央执行委员会，还组成陈独秀为委员长的中央局。党的三大后，国共合作步伐大大加快。共产党的各级组织动员党员和革命青年加入国民党，在全国范围内积极推进国民革命运动。

——《中国共产党简史》

中共三大为何在广州召开?
短短一年时间里,中共中央机关为何频繁搬迁?

为了革命,他们为什么能够赴汤蹈火?

中共早期革命活动经费从何而来?
尚在初创阶段的中国共产党,为什么要创办消费合作社?

中共三大为何在广州召开？
短短一年时间里，中共中央机关为何频繁搬迁？

马林的衬衫：揭开中共中央迁址之谜

【文物影像】

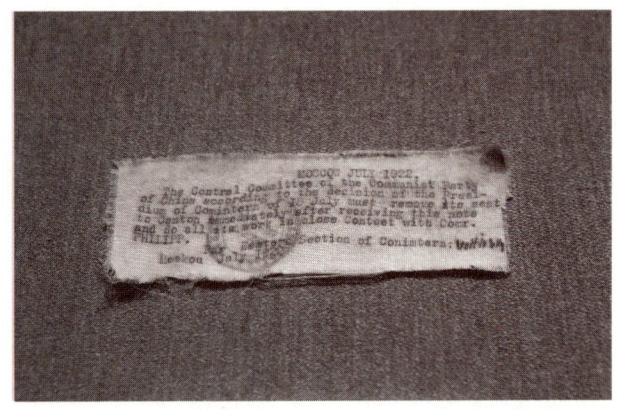

印在马林衬衫上的共产国际指令（复件），中共三大会址纪念馆馆藏

这是一道印在共产国际派驻中国代表马林衬衫上的指令，上面用英文写着："中国共产党中央委员会接短笺后，应据共产国际主席团7月18日决定，立即将驻地迁往广州并与菲力浦（即马林）同志密切配合进行党的一切工作。共产国际远东支部莫斯科，1922年7月魏金斯基。"

这或许能够解释，中共中央机关当年为何匆匆由上海迁往广州，没过多久又匆匆返回上海。当然，这份文物只是复制件，原件藏于荷兰阿姆斯特丹国际社会史研究所。

自从有了党
——文物背后的家国故事

【家国故事】

"我们在广州有充分的行动自由"

广州越秀区东山湖北岸的老城区里,有一片西式洋楼别墅区,当地的老人习惯称这一带为东山。20世纪早期,广州东山是官宦富商的居住地。如今云烟散去,只留下600多座西式洋楼,在淡如流水的老城生活中继续它们的命运。

春园

在这片区域南部的新河浦路,坐落着一栋四层的中西合璧式建筑,门牌上写着"春园24号"。1923年5月,中共中央机关从上海迁至广州,办公地点就在这里。当年,春园附近的房子不多,环境幽静。而且,门前有一条小河,划船就能直达珠江。

1922年5月,共产国际在华工作报告中提到中共中央机关迁址的问题,建议将中共的工作重心转移到国民党控制的广州,以便共产党可以公开地活动。

马林的衬衫：揭开中共中央迁址之谜

当年 7 月，马林更加明确地向共产国际建议把中共中央机关迁到广州。于是，当时的共产国际远东局局长魏金斯基给中共中央发来了要求迁址广州的指示。

为了安全无误地传达共产国际的指示，马林将其用打字机打印在衬衣上带到中国，也就是我们今天在中共三大纪念馆里看到的这件文物。

但是，广州遽然变化的局势使搬迁之事搁置。1922 年 6 月，陈炯明在广州突然发动武装叛乱，炮轰总统府，迫使孙中山于当年 8 月离开广州前往上海。魏金斯基在莫斯科再次给中共中央写信，"孙逸仙和陈炯明之间的斗争使南方的政治局势很不稳定。因此，我们的工作中心向南方的转移应该推迟到南方各种力量对比更加明朗的时候"。

与此同时，中共在上海的处境也越来越不妙。当年 7 月，中国劳动组合书记部被查封；8 月，党的总书记陈独秀在上海法租界被逮捕，10 天后才被释放。中央机关也亟须找到一处可以合法活动的地方。广州去不了，共产国际又将目光投向了北京。1922 年 10 月，中共中央机关在共产国际的建议下开始迁往北京。

中共中央迁往北京，主要是为了更好地指导北方地区的工人运动，同时也是对控制北方的军阀吴佩孚心存幻想。但在 1923 年 2 月爆发的京汉铁路工人大罢工中，吴佩孚调动军警血腥镇压工人，制造了"二七惨案"，使全国工人运动转入低潮。这件事彻底打破了共产国际对军阀的幻想，所以在 1923 年 4 月，中共中央又迁回上海。

这段时间里，全国局势又发生了巨大变化。1922 年 8 月，中共在杭州西湖召开的西湖会议，也确立了与国民党进行"党内合作"的政策。1923 年 1 月，《孙中山与越飞联合宣言》标志着孙中山联俄政策的建立，也加快了孙中山同中共合作的步伐。于是，在国共合作的热潮中，中共中央机关于 1923 年 5 月迁往广州。马林在给共产国际的报告中说："我们在广州有充分的行动自由，而且能在这里公开举行党的代表大会和劳动大会。"

自从有了党
——文物背后的家国故事

"黑了南方有北方"

1923年春天刚过，陈独秀和马林先后来到广州，住进了春园。5月，中共中央机关迁驻广州。同时，党的理论刊物《新青年》也移至广州出版。中共中央机关搬迁到广州后所做的第一件大事，便是召开中国共产党第三次全国代表大会。

从春园出来沿着抚恤院路往北走，大约100多米处便是中共三大会址纪念馆。当年召开会议的老房子早已在日军的轰炸中消失了，只残存一些当年房屋的基址。2006年，当地政府曾在基址上组织过考古工作，发掘出当年使用过的窗户合页、电灯开关等物件。

中共三大召开前，全国各地的代表分批秘密赴粤，毛泽东从上海乘船辗转来到广州入住春园，随后李大钊、蔡和森、张太雷、瞿秋白、向警予等人也陆续到达。

1923年6月12日至20日，党的三大如期举行。大会正确估计了孙中山的革命立场和国民党进行改组的可能性，决定共产党员以个人身份加入国民党，以实现国共合作。党的三大后，国共合作的步伐大大加快。

信心满满的马林在党的三大闭幕后便留在广州，与中共中央一起全力投入同国民党建立合作关系的工作之中。然而，工作仅开展了一个多月，马林便离开了广州，中共中央也决定将机关迁回上海。这又是为何？

中共三大结束后，国共双方领导人共同商讨了合作事宜。当时孙中山关注的重点是怎样以武力消灭叛变的陈炯明，而共产党人按照计划开始"纠正国民党错误"，马林、陈独秀、蔡和森等人频繁在《向导》周报上发文批判孙中山和国民党重武力、轻民众的错误倾向。双方自然是不欢而散。

马林的衬衫：揭开中共中央迁址之谜

中共三大会址纪念馆

另一个原因便是，当时的粤汉铁路还没有开通，广州与外界的铁路交通不便，而海路又费时，不便指导三地的工人运动。7月19日晚，中共中央讨论了共产党人在广州的处境问题后，决定在不与国民党决裂的前提下，一周之内离开广州，重回上海……

1922年到1923年间，中共中央机关在北京、上海、广州三地之间频繁搬迁，其后果正如陈独秀所言，"我们不得不经常改换中央所在地，这使我们的工作受到严重损失"①。

一年内四易其址，可以看出当时中国政治风云变幻，给中国革命带来了较大的回旋余地，正如毛泽东后来所言："东方不亮西方亮，黑了南方有北方。"

【延伸阅读】

魏金斯基（1893—1953，又译维经斯基）

又名吴廷康，1893年出生于俄国，早年曾移居美国，加入美国社会党，

---

① 《陈独秀在中国共产党第三次全国代表大会上的报告》，《中共中央文件选集》第1册，中央党校出版社1989年版，第167页。

自从有了党
——文物背后的家国故事

开始从事政治活动,并练就了一口流利的英语。1918 年回到俄国后加入俄国共产党。1920 年到海参崴开始从事共产国际的工作,负责远东事务。从 1920 年到 1926 年间,魏金斯基多次来到中国,对中国共产党的创建及早期发展起到了促进作用。

马林(1883—1942)

出生于荷兰,早年在荷属东印度传播革命思想,参加当地反抗荷兰殖民当局的活动。1914 年参与创建了印尼社会民主联盟(印尼共产党前身之一)。1916 年加入荷兰共产党。1920 年在共产国际第二次大会上当选为共产国际执行委员和民族殖民地问题委员会书记。1921 年被共产国际派往中国,帮助中国的共产主义者建立自己的政党。在中国期间,马林主持了中国共产党第一次全国代表大会及其后的一些会议,对中共的早期发展及国共合作起到了促进作用。

为了革命,他们为什么能够赴汤蹈火?

龙大道家书:
寄托侗族第一代革命家的救国决心

【文物影像】

这是一封我国侗族第一代革命家龙大道写给父亲的信。因为当年贵州受灾,加上军阀间混战,龙大道对乡亲们的生活忧心忡忡。同时,他给父亲分析了北伐军的进展情况,表达了他对革命胜利的信心。然而,不幸的是,轰轰烈烈的大革命因为国民党反动派的叛变而宣告失败,龙大道也惨遭敌人杀害。

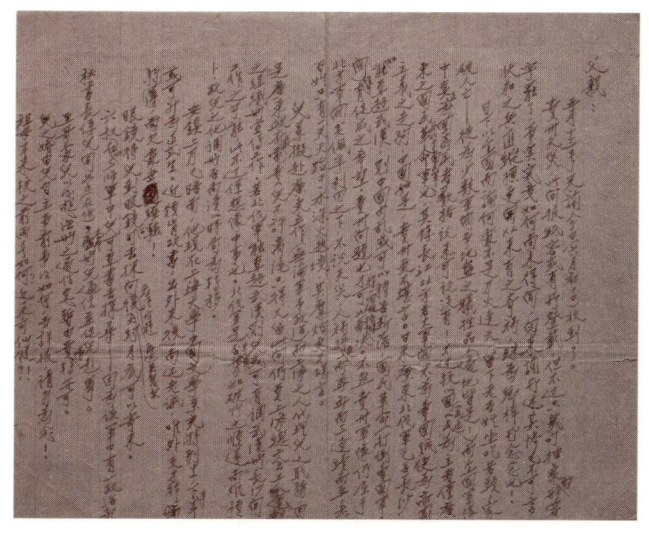

龙大道家书,一级文物,中共一大纪念馆馆藏(图片由该馆提供)

自从有了党
——文物背后的家国故事

【 家国故事 】

"贵州天灾，此间报纸容或有所登载，但不过只几句抽象的形容字[词]罢了，事实究竟如何，尚未得闻，阅来谕所述其惨已不可言状，加之兵匪纵横更开从未有之奇祸，殊为乡梓所念念也！"

这是 1926 年 7 月龙大道给父亲的信中的内容，表达了他对军阀的痛恨和对乡亲们的深切同情。当时，他在上海总工会工作，负责工人运动的宣传与组织。从走出贵州的少数民族青年，到工人运动的重要领导，龙大道只用了 8 年。

1918 年，一名叫龙康庄的 17 岁侗族青年跟随运送木材的竹筏，顺清水江抵达武汉，进鹦鹉洲一所中学读书。在武汉的岁月里，他耳闻目睹了繁华掩盖下的贫困和悲惨，决心改变这种黑暗现状。1921 年，中国共产党成立。随后，上海的工人运动在党的领导下蓬勃发展。1922 年秋，龙康庄从武汉来到上海，进入上海大学读书，并在那里结识了一大批革命青年，走上了革命道路。1923 年，经施存统等人的介绍，龙康庄加入了中国共产党。

为了纪念自己走上了光辉大道，龙康庄改名为龙大道。

没多久，为适应革命形势发展，党组织选派龙大道等一批优秀共产党员到苏联学习深造。1924 年 9 月，龙大道一行经过六天航行，终于抵达苏联海参崴。一年多后，为迎接大革命高潮的到来，龙大道从莫斯科回到上海，从事工人运动方面的工作。

龙大道对工人们深受剥削和压迫的处境深感同情，他经常到工人家中，以谈家常的方式启发他们的阶级觉悟。他本人十分节俭，对工友们却慷慨大方，有难必帮。一次，龙大道在工人食堂里搞演讲，突然出现几名巡捕过来抓他。工友们见状，立刻将他从桌子上拉下来，拥在人群里冲

龙大道家书：寄托侗族第一代革命家的救国决心

出了食堂。

在工友们的支持下，龙大道先后在永安纱厂、日华纱厂、虹口丝厂以及先施公司、中华书局、商务印书馆、电车公司等，发动和领导罢工斗争。

长期与底层人民在一起，使龙大道对劳苦大众充满深厚感情。所以，当他听闻老家贵州遭遇天灾，联想到当时兵患连年，自然对当地老百姓充满忧虑。

"日来，广东北伐军已占长江，如能直趋武汉，则中国内乱或可以稍告段落，国民革命（打倒卖国军阀）始可有促成之希望。贵州问题也才可得一个相当的解决。不然，贵州军队仍屈于北方军阀吴佩孚利用之下，不说天灾，人祸将更一而再、再而三连续而至，老百姓只有一天蹈于水深火热境，其糜烂更不堪言。"

1926年7月开始，北伐战争节节胜利，工人运动深入开展，龙大道感到欢欣鼓舞，而家乡的劳苦大众仍处于军阀统治之下，他只期望国民革命军能够尽快打倒军阀，"则中国内乱或可以稍告段落"，"贵州问题也才可得一个相当的解决"。

北伐战争是在共产党提出的反对帝国主义、反对军阀的口号下进行的。在北伐战争进展顺利之时，上海的工人运动也开展得如火如荼。从1926年10月到1927年3月，为配合北伐战争，上海工人阶级在党的领导下先后举行了三次武装起义。龙大道参加了前两次武装起义的领导工作，但这两次起义因为准备不足而失败。

第三次上海工人武装起义由周恩来直接领导。1927年3月21日早晨，龙大道秘密来到上海总工会女工委员朱英如家里，要她立即通知闸北各丝厂女工在中午12时全部关车罢工，然后上街参与游行示威活动。下午1时，起义的枪声在租界外的全市7个地区同时打响。龙大道协助周恩来、赵世

自从有了党
——文物背后的家国故事

炎指挥闸北地区的战斗，经过26个小时激烈拼杀，起义取得了胜利。

随后，上海总工会举行了盛大的庆祝活动。龙大道代表上海总工会在会上发表了激昂的讲话："我们已经以热血换得了自由，我们要结成工农兵学商的大联合，坚决拥护革命的上海市政府。"

"儿之婚由儿自主，事前事后如何，当详报，请勿为急！"

从这句可以看出，龙大道的父亲在给他的信中可能比较关心儿子的婚姻大事。龙大道已经25岁了，早已经到了成家的年龄，也难怪父亲"催婚"。在上海工作期间，经闸北丝厂一女工介绍，龙大道结识了景贤女中的女学生金翊群。她也是共产党员，担任宁波地委妇女部长，被选派到上海读书。他们相识后，在共同的目标和事业中，逐渐产生了真挚的革命情谊，不久便组建了一个简朴的家庭。

但在当时复杂的情况下，龙大道和金翊群夫妇无缘享受家庭的幸福。上海第三次工人武装起义后没多久，"四一二"反革命政变爆发，大批共产党员和革命群众遭到屠杀，上海陷入白色恐怖，龙大道和上海总工会的领导人都成了敌人悬赏一千大洋的通缉对象。随后，龙大道和金翊群一起离开上海秘密前往武汉，参加在武汉举行的中共"五大"，并留在武汉继续从事革命活动。

武汉国民政府主席汪精卫宣布"分共"后，中共在武汉的活动也全部都转入地下。龙大道在一次和地下交通员接头时被捕，被关进设在武昌的国民党"镇压反革命委员会"的监狱。当时在湖北省委工作的向警予

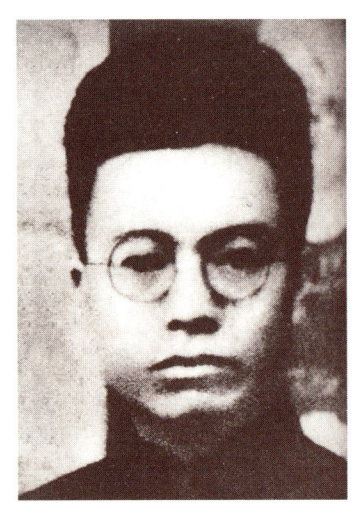

龙大道

龙大道家书：寄托侗族第一代革命家的救国决心

得知消息后立刻通知了金翊群，将她转移到武昌的秘密机关，以便她去探监。夫妇两人最终在监狱里相见，龙大道安慰妻子自己斗争经验丰富，不必担心。临别时，龙大道作了一首诗，请妻子转给党组织："身在牢房志更坚，抛头碎骨何足惧。乌云总有一日散，共庆东方出太阳。"

果然，敌人没能从龙大道嘴里撬出任何有用的消息。龙大道组织几十名难友移开监狱后墙的石块，趁夜成功越狱！

后来，龙大道又辗转于上海、杭州、浙南、安徽等地秘密从事革命活动。1929年春节前后，由于过度劳累，他在安徽芜湖病倒。远在浙江奉化一所乡镇小学教书的妻子得讯后，立即请假赶到芜湖。夫妻重逢，百感交集。经过妻子的悉心照料，龙大道病情逐渐好转。

1930年春，中央调龙大道任上海总工会秘书长，他便离开安徽来到上海工作，先后领导了浦东日华纱厂和闸北、虹口丝厂等处工人的罢工斗争。1931年1月17日，由于叛徒出卖，龙大道在上海天津路的中山旅社被捕，当日同时被捕的还有上海党的领导人林育南、李云卿、殷夫、柔石等同志。几天后，他们被押往龙华警备司令部。

1931年2月7日深夜，北风呼啸，寒气袭人。在一阵军警杂乱的脚步声后，龙大道等24人被秘密押往刑场杀害。他们就是著名的"龙华二十四烈士"。

【延伸阅读】

龙大道（1901—1931）

贵州锦屏人。原名康庄，字坦云。侗族。1923年加入中国共产党。1924年赴莫斯科东方大学学习。1926年回国，在上海从事工人运动并参加领导上海工人三次武装起义，任上海总工会经济斗争部长、自由运动大同盟主席。1927年出席中国共产党第五次全国代表大会后，留在湖北省总

自从有了党
——文物背后的家国故事

工会工作。1930年1月调任上海总工会秘书长。1931年1月17日在上海被捕。同年2月7日在龙华就义。

向警予（1895—1928）

湖南溆浦人。原名俊贤，笔名振宇。土家族。女。1919年参加新民学会，同年赴法国勤工俭学，并在法国同蔡和森结婚。1921年底回国。1922年加入中国共产党，同年任中共中央妇女部长，后又任中央妇女运动委员会书记。1925年入苏联东方大学学习，1927年回国后在武汉总工会宣传部和中共汉口市委宣传部工作。"七一五"政变后，留在武汉负责中共湖北省委宣传工作。在中国共产党第二、第三次全国代表大会上当选为中央委员。1928年3月28日因叛徒出卖在武汉法租界被捕，后"引渡"给武汉国民党当局。同年5月1日在汉口就义。

中共早期革命活动经费从何而来？
尚在初创阶段的中国共产党，为什么要创办消费合作社？

"红色股票"：中共早期革命经费重要来源

【文物影像】

股票，往往被认为是现代经济生活中产生的事物。事实上，早在20世纪20年代初，尚在初创阶段的中国共产党，就开始创办消费合作社，发行了红色股票。

这张"红色股票"，是安源路矿工人运动纪念馆工作人员在建馆初期从工人张海秋家里收集到的。股票正面有"收到张君海秋股金一股共计光洋伍角整"字样，落款是"安源路矿工人消费合作社总经理易礼容"，时间是"民国十二年二月十三号"。股票顶端还有"安源路矿工人消费合作社股票"的字样。这些信息为我们揭开了党在安源"一手抓工人运动，一手搞经济建设"的经历。

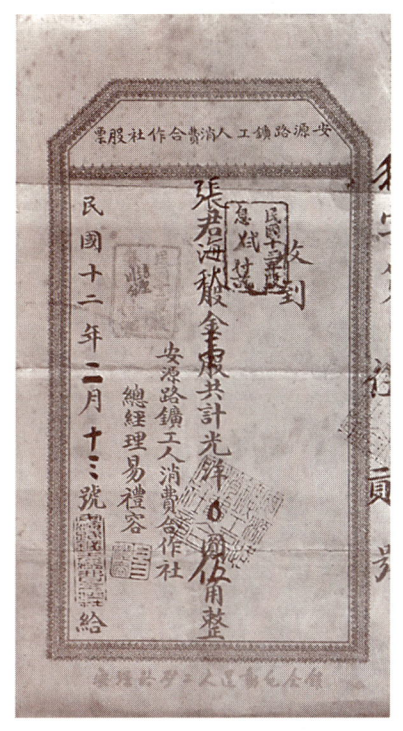

中共早期发行的股票，一级文物，安源路矿工人运动纪念馆馆藏（图片由该馆提供）

自从有了党
—— 文物背后的家国故事

【家国故事】

发行股票办消费合作社

安源路矿包括萍乡煤矿和株萍铁路两部分，共有17000多个工人，是我国最早的官僚买办企业。1908年，安源路矿与湖北汉阳铁厂、大冶铁矿合组为汉冶萍煤铁矿有限公司，实权为日本人所把持。因此，路矿工人深受帝国主义、封建主义和官僚资本主义三重压迫和剥削，生活艰难。中国共产党成立之后，党中央将安源的革命斗争划归中共湖南支部领导。

1921年秋冬，中共湖南支部书记毛泽东到安源调查，随后湖南党组织派李立三来此开展工作。他们先是办工人补习学校，第二年5月又成立了工人俱乐部，通过这些方式拉近与工人们的距离，提高他们的思想觉悟。同年9月，在中共湘区委员会的领导和安源路矿工人俱乐部的组织下，发动安源路矿工人大罢工，并取得最后的胜利。

大罢工后，工人们的处境有所改善，但依然生活困难。1922年冬，中共湘区委员会派长沙文化学社的易礼容和湖南自修大学的毛泽民等人前往安源路矿工人俱乐部，协助李立三筹办消费合作社。毛泽民在《消费合作社报告》中说："……俱乐部办事人深知要减轻工友们生活负担，唯有扩充消费合作社一法。"

在此之前，安源路矿工人俱乐部在工人补习学校内设立了一家消费合作社，由李立三兼任总经理，但规模较小，只有十几名社员，主要贩卖为数不多的布匹和日用品，并以"可买便宜货"为口号向群众宣传。

易礼容、毛泽民等人来安源后决定通过发行股票的方式集资，以扩大工人消费合作社规模。毛泽民深入工人群众进行宣传，广大工人踊跃要求加入合作社。合作社很快就征集到2000余股，资金10000多元。1923年2月，安源路矿工人消费合作社在繁华街区租下一栋二层小楼，然后正式营业了。

路矿工人消费合作社的最终目的是为工友们谋取更多利益,为工人提供物美价廉的商品,使工人免受商人和钱铺的盘剥。合作社内设兑换、粮食、服务、器用、南货、杂务等经营项目。当时,安源的食盐很缺乏,商人经常哄抬物价,牟取暴利。消费合作社在盐价便宜时买进大量食盐,然后以较低价格卖给广大工人,防止当地商人随意涨价,此举得到广大工人的积极支持,越来越多的人加入合作社。

发展经济　凝聚民心

1923年夏,毛泽民接替易礼容担任总经理后,进行了大刀阔斧的改革。他制定了《安源路矿工人消费合作社办事公约》十七条,规定了总经理、各股经理、保管员和营业员的职责,规定了营业、请假及人事方面的各项制度,使合作社的管理更加规范。

安源路矿工人消费合作社开业盛况

股票正面还有"民国十二年股息付讫"和"民国十三年股息付讫"字

自从有了党
——文物背后的家国故事

样的印章，说明购买股票的合作社社员不仅能够从合作社购买便宜物品，每年还能从合作社获得相应的股息。1924年，消费合作社的销售额达到76000多元，获毛利3800元，从一个合作社发展成一处总社和几个分社。

合作社的发展引起了不法商人们的眼红，为了搞垮合作社，他们想出了歪招：冒充工人到合作社抢购商品！事情发生后，毛泽民召集大家开会，想出了一个好办法。他们给每个参加俱乐部的工人发放一个购物证，凭证购货。这样，既能激发工人们加入工人俱乐部的积极性，同时也能防范商人派水军搅局。

1925年初，安源路矿工人在刘少奇的领导下，举行了"为索取欠饷，反对剥削和压迫"的第二次大罢工。这次大罢工取得胜利后不久，刘少奇就被调离了安源。5月，安源路矿工人还积极声援五卅运动中的上海工人，派游艺股股长萧劲光携带安源工人捐款800元赴上海慰问五卅惨案工友。同时，俱乐部还在安源举行了"断绝经济、不买仇货"的反日示威游行等斗争。这些活动使路矿当局对俱乐部恨之入骨，一场疯狂的反扑正在酝酿中。

1925年9月，汉冶萍公司总经理盛恩颐勾结反动军阀，强行关闭了安源路矿工人俱乐部，大肆搜捕和杀害俱乐部主要人员，制造了"九月惨案"。安源路矿工人消费合作社也在这次事件中被毁坏。

虽然安源路矿工人运动最终被强大的反动势力绞杀，但它作为中共领导的中国工人运动高潮的重要组成部分，以其独特的地位永载革命史册。据曾任中共中央局秘书兼会计的罗章龙回忆，1925年9月以前"除共产国际定期拨给一部分经费外，党的活动经费的主要储备点，在北方是全国铁总，在南方是安源"。中国共产党早期的领导者和中国工人运动的杰出领袖邓中夏1930年所著的《中国职工运动简史》一书记叙有关二七惨案后"硕果仅存的安源工会"时，把安源路矿工人消费合作社看作是这一阶段最大的成绩之一。尤其是它发行股票、开办工人消费合作社的实践，为党积累了经济建设的经验，培养了经济管理干部。这张安源路矿工人消费合作社股票，则向人们昭示着"发展经济、凝聚民心"的深刻历史内涵。

1925

党的足迹

党的四大

1925年1月,中国共产党第四次全国代表大会在上海举行。出席大会的代表20人,代表全国994名党员。大会提出了无产阶级在民主革命中的领导权问题,提出了工农联盟问题,对民主革命的内容作了更加完整的规定。这是中国共产党在总结建党以来尤其是国共合作一年来实践经验基础上,对中国革命问题认识的重大进展。党的四大决定在全国范围内加强党的组织建设,扩大党员的数量,巩固党的纪律,明确规定以支部作为党的基本组织。党的四大选举产生中央执行委员会,中央执行委员会选举出陈独秀任总书记的中央局。

——《中国共产党简史》

为什么上海大学被国民党右派称为"赤色大本营"?

当革命活动遭遇经济困难,革命者如何应对?

一块钢板：复刻五卅运动中的血色青春

【文物影像】

这块黝黑钢板是五卅运动时期上海大学学生朱有才使用过的。那一张张控诉帝国主义资本家罪恶的传单，就是从这块钢板上刻印出来的。

在那场声势浩大的运动中，上海大学师生发挥了巨大作用，以至于当时社会上流行着这样的说法："北有五四的北大，南有五卅的上大。"正因如此，上海大学被国民党右派分子称为"赤色大本营"。

上海大学学生刻传单用的钢板，一级文物，中共一大纪念馆馆藏（图片由该馆提供）

自从有了党
——文物背后的家国故事

【家国故事】

五卅运动中的一面旗帜

1925年2月，上海日商内外棉八厂的一个日本领班毒打一名12岁的中国女童工，导致女孩不治身亡。暴行激起了全车间工人们的抗议，要求严惩凶手。但是，这一要求不仅遭到日本资本家的拒绝，日方还借机将50名工人开除。日本资本家的蛮横行为激起了工人的强烈愤慨，不满情绪在工人们中蔓延。

中共中央得知这一情况后，专门成立了罢工委员会，指定由邓中夏、李立三等人负责，号召上海全体党员支援日商内外棉厂工人的斗争。彼时的中共，刚刚结束第四次全国代表大会。这次大会提出了无产阶级在民主革命中的领导权问题，"中国的民族革命运动，必须最革命的无产阶级有力的参加，并且取得领导的地位，才能够得到胜利"[1]。

这一新的指导思想的提出，赋予了这场即将到来的轰轰烈烈的工人运动新的意义。

在罢工委员会的领导下，全市20多家工厂的近4万名工人参加了罢工。日本资本家为避免重大经济损失，被迫

《上海学生市民工人反抗帝国主义大运动宣言》

---

[1] 《中共四大对于民族革命运动之议决案》，中央人民政府网站，http://www.gov.cn/govweb/test/2008-05/28/content_996404.htm。

一块钢板：复刻五卅运动中的血色青春

答应了工人的部分要求，签署了新的劳资协议，承认工会组织。但没过多久，日本资本家倒行逆施，撕毁了劳资协议。5月15日，工人顾正红在抗议日方资本家的活动中被枪杀，成为五卅运动的导火索。

中共中央发布通告，号召工会、农会、学生会以及各社会团体反对日本资本家枪杀中国同胞的行为，支援罢工工人，掀起反日爱国运动。上海的30多个团体响应中共号召，成立了"日人残杀同胞雪耻会"，发动群众投入斗争。

上海的青年学生纷纷走上街头开展示威游行活动，他们散发传单，开展演讲，揭露帝国主义在华暴行。5月30日，租界英国巡捕向游行示威的队伍开枪，打死学生、工人等13人，伤者无数。这就是震惊全国的五卅惨案。上海大学社会学系学生何秉彝在这次惨案中牺牲。

第二天，上海大学师生继续冒雨来到南京路散发传单。上大学生会发表通电，宣布"本校亦于六月一日起实行罢课，誓达惩凶雪耻之目的"。从6月1日开始，上海大学开始加入"三罢"（罢工、罢课、罢市）斗争行列，学生们活跃在斗争的各条战线上。

上海大学在斗争中付出的代价也是惨烈的，短短一周之内，上大学生有10多人负伤，200多人被捕。

学生们的爱国热情引起了帝国主义的极大关注，他们在相关记录中写道："鼓动此次引起扰乱之学生或学童皆来自过激主义之大学，即西摩路之上海大学。"帝国主义当然不会放过他们，6月4日，万国商团和英国巡捕闯入学校，赶走师生，强行搜查。美国海军陆战队将其强占为驻地。上大师生被迫借老西门勤业女子师范学校作为临时办公处，继续开展斗争，继续发通电和五卅特刊，揭露帝国主义在华暴行。

五卅惨案激起了全国人民的极大愤怒，多年来深埋在中国人民心里的对帝国主义的怒火喷发出来。全国约有1700万人直接参加了运动，从通商都市到偏僻乡镇，到处响起"打倒帝国主义""废除不平等条约"的怒吼。

自从有了党
——文物背后的家国故事

在轰轰烈烈的运动中，上海大学学生朱有才在沪西潭子湾后面太阳桥附近的一处秘密机关内，使用这块钢板刻印传单。如今，它已被中共一大纪念馆收藏，成为国家一级革命文物。

从"弄堂大学"到"革命学府"

上海大学之所以能够在五卅运动中发挥重要作用，与其办学背景是分不开的。

上海大学成立于1922年10月23日，其前身是私立东南高等师范学校，校址在闸北区青云路。虽说是大学，却没有想象中的巍峨校舍，只有一栋二层楼房兼做教学和办公之用。由于没有充足经费和优越条件，这所大学被人们戏称为"弄堂大学"。然而，就是这样一所貌不惊人的简陋大学，却吸引了一批名师贤达和热血青年的到来。

当时正值国共两党酝酿合作之际，共产党方面派邓中夏、蔡和森、瞿秋白、张太雷等人到上海大学，国民党方面派于右任和邵力子到上海大学，分别担任校长和副校长。

工作经验丰富的邓中夏被推荐出任上海大学总务长，对马克思主义和无产阶级革命历史熟悉的瞿秋白担任教务长。陈望道担任中国语言文学系主任。沈雁冰、安体诚、施存统等共产党人也纷纷来到上海大学任教。

从教师的身份看，其中既有共产党人，也有国民党人，还有无党派人士。可以看出，上海大学在政治上是开放和兼收并蓄的，它对学生们的政治信仰没有任何限制。在教育上，它也是开放的。上海大学注重培养学生的独立思考意识，鼓励大学生们走出校门，到工人居住区和街道兴办平民夜校、工人学校、识字班等。所以，他们对工人们受帝国主义剥削和压迫的情况很了解，也最能激起对工人们的同情和对压迫者的愤慨。这也能解释为什么在五卅运动中，上海大学的师生是斗争最踊跃的一群人。

一块钢板:复刻五卅运动中的血色青春

上海大学的共产党人,充分利用这个平台向学生介绍和传播马克思主义。1923年,在李大钊的建议下,上海大学开设社会学系,瞿秋白任系主任。在瞿秋白的领导下,社会学系开设了大量马克思主义科学理论方面的课程,其讲稿大多由共产党人编写。如施存统的《社会运动史》、蔡和森的《社会进化论》、李大钊的《社会主义释疑》等。

在这些优秀共产党人的感召之下,大批热血青年慕名而来,使这所默默无闻的"弄堂大学"成为人皆仰慕的"革命学府"。

1925年五卅运动期间,上海大学被强行关闭。1926年,它在江湾又建了新校舍。1927年"四一二"反革命政变发生后,大批共产党人和革命群众惨遭杀害,上海大学也未能幸免,被迫停办。

从1922年创办到1927年停办,虽然只有短短的五年时间,却为党培养了一批优秀的骨干人才。上海大学师生在五卅运动中的英勇表现,在我国工人运动史上写下了光辉一笔。

上海大学西摩路遗址

当革命活动遭遇经济困难，革命者如何应对？

侯绍裘的借条：尽显革命之艰难

【文物影像】

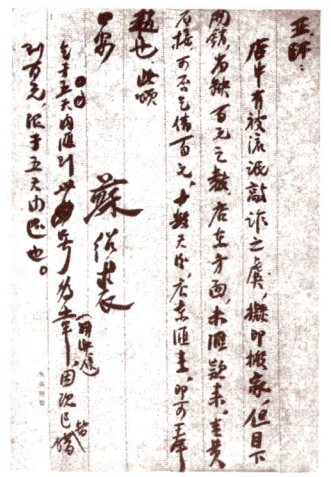

侯绍裘致柳亚子手札，一级文物，上海交通大学档案文博管理中心收藏（图片由该中心提供）

"亚师：

　　店中有被流氓敲诈之虞，拟即搬家，但目下开销尚缺百元之数。店东方面，未汇款来，青黄不接，可否乞借百元，十数天后，店东汇来，即可奉赵也。

　　　　　　　　　　　此颂安。

　　　　　　　　　　苏　　绍裘"

这是国共合作期间，共产党员侯绍裘在上海主持国民党江苏省党部①工作时写给柳亚子的信。他在信中用暗语向柳亚子"乞借百元"，以作为党部革命活动的经费。我们从这封信可以窥见当时国民党江苏省党部的工作情况，也从侧面反映出当时上海革命活动之艰难。

---

①　第一次国共合作时期国民党在江苏省的办事机构，1925年8月23日在上海成立，党部执行委员主要由国民党左派和共产党员组成。1927年4月迁往南京。

侯绍裘的借条：尽显革命之艰难

【家国故事】

革命者的无奈

侯绍裘早年毕业于南洋公学（上海交通大学前身），思想比较进步，曾多次参与上海的学生运动。1921年夏，他与老师朱季恂等人接办了位于松江的景贤女子专修学校，改名为景贤女子中学。后来，因军阀混战，景贤女中迁往上海闸北。学校实行改革，提倡妇女解放，婚姻自由。侯绍裘邀请恽代英、萧楚女等知名人士到景贤女中演讲，使该校成为各种进步思想活跃的阵地。

1925年8月23日，国民党江苏省党部成立典礼在景贤女中举行。柳亚子、朱季恂、侯绍裘三人当选为常务委员。柳亚子兼任宣传部长，朱季恂兼任组织部长。侯绍裘主持党部工作。省党部主要负责人多数是共产党员，其余为国民党左派。

就在国民党江苏省党部成立次日，正当侯绍裘、朱季恂、柳亚子等召开省党部第一次执监委员会全体会议时，传来了国民党左派领导人、拥护国共合作的廖仲恺遇刺身亡的消息。这似乎预示着第一次国共合作的命运。

因朱季恂曾在上海的健行公学受业于柳亚子，朱季恂又是侯绍裘的小学老师，一时间"三代师生"在江苏省党部传为佳话。在三人的共同领导下，江苏省党部坚决维护国民革命统一战线和三大政策，成为国共亲密合作的典范。

1926年5月15日，国民党二届二中全会在广州

侯绍裘

柳亚子

自从有了党
——文物背后的家国故事

举行，为期八天。此时的国共合作，已是摇摇欲坠。在这次会议上，蒋介石抛出了密谋已久的《整顿党务决议案》，旨在限制共产党活动、篡夺国民党党权。

提案遭到国民党左派反对，出于义愤，柳亚子、朱季恂和侯绍裘一起面见蒋介石，试图劝说蒋介石收回提案。但他们的意见遭到拒绝，《整顿党务决议案》获得通过，柳亚子一怒之下拂袖而去。

柳亚子心灰意冷，最后离开国民党江苏党部，归隐吴中黎里老家，不再过问党派之事。

侯绍裘等人继续留在党部工作，他们此刻的处境更加艰难。1926年8月，党部经费早已青黄不接，他不得不给老师柳亚子写信求助，"乞借百元"以做党部活动经费。

他们的革命活动遭到国民党右派攻击，又深受军阀孙传芳嫉恨。在这种危险的环境下，侯绍裘给柳亚子的信也是小心翼翼。他在信中多处使用暗语，如"店中"指的是国民党江苏省党部，"流氓敲诈"指的是国民党右派分子或军阀孙传芳势力的迫害，"店东"指的是上级党组织，"搬家"指党组织转移至安全地点。最后，"奉赵"意为"完璧归赵"。

当柳亚子获知国民党江苏省党部机关因为经费极度困难无法运转时，随即筹洋五百元，解了侯绍裘的燃眉之急。考虑到党部事多人少，他还推荐得力人手到省党部工作。

何处觅侯生？

1927年4月初，侯绍裘率国民党江苏省党部部分工作人员乘火车离开上海，前往南京。一路上，苏州、无锡、常州成千上万的国民党左派人士和广大群众，手执彩旗标语在月台迎送。

坐落在南京中正街的安徽公学，成为省党部和南京市党部合署办公的地点。为了应对复杂多变的局势，侯绍裘机警地在外面的旅馆租了房间，

侯绍裘的借条：尽显革命之艰难

供女同志居住。此时，国民党右派已经在南京成立了国民党伪市党部。4月9日，刚刚安顿下来的国民党江苏省党部和南京市党部遭到国民党右派分子派遣的流氓打手袭击，省党部执行委员张曙时等人被绑架。侯绍裘等人准备前往武汉，向国民党中央和国民政府控告。早在1926年11月，国民政府和国民党中央党部已经从广州迁往武汉。

就在当晚，国民党江苏省党部、南京市党部及市总工会等各革命团体中的共产党员，在南京大纱帽巷10号开会，商议应变措施及反击蒋介石反动派的具体对策。南京大纱帽巷10号是中共党组织的地下交通处，他们认为这里应该是最安全的。

会议开到凌晨两点的时候，负责警戒的同志冲进来报告：我们被包围了！话音未落，一群暴徒破门而入。侯绍裘一跃而起吹灭桌上油灯，将身旁的中共南京地委委员、国民党南京市党部常委委员刘少猷拽到院外天井，让他踏着自己的肩膀翻墙而走。

那天晚上，除了刘少猷一人脱险外，侯绍裘、谢文锦、刘重民等十多人被秘密逮捕，随后关进南京珠宝廊市公安局看守所。两天后，暴徒们将他们装进麻袋，残忍地用尖子刀活活戳死，然后投入秦淮河毁尸灭迹。这一天，数百公里之外的上海，也发生了血腥的"四一二"反革命政变，他们成为在"四一二"反革命政变中首批殉难的烈士。

侯绍裘遇害的消息传出，他昔日的学生们纷纷来到江边，祭奠这位为人谦和的师长。1927年6月10日，远在日本的柳亚子得知侯绍裘遇害的消息后痛心疾首，挥笔写诗悼念侯绍裘：指天誓日语分明，功罪千秋有定评。此后信陵门下士，更从何处觅侯生？

第一次国共合作时期国民党江苏省党部遗址

自从有了党
——文物背后的家国故事

【延伸阅读】

侯绍裘（1896—1927）

江苏松江（今属上海）人。早年曾入上海南洋公学学习。1923年加入中国国民党。同年夏加入中国共产党。1925年参加领导五卅运动。后曾任国民党江苏省党部部委和中共党团书记、上海特别市临时政府委员等。曾参加领导上海工人第三次武装起义。1927年4月10日在南京被国民党当局逮捕后秘密杀害。

柳亚子（1887—1958）

原名慰高，字安如，江苏吴江黎里镇人。早年曾参与创办南社，曾任孙中山秘书、中国国民党中央监察委员、上海通志馆馆长等职。"四一二"反革命政变后被迫流亡日本，1928年回国。抗日战争时期，与宋庆龄、何香凝等从事抗日民主活动，曾任中国国民党革命委员会中央常务委员兼监察委员会主席、三民主义同志联合会中央常务理事、中国民主同盟中央执行委员。新中国成立后曾任中央人民政府委员、全国人大常委会委员等职。1958年因病在北京逝世。

朱季恂（1888—1927）

名肇旸，松江人。早年师从柳亚子，接受民主革命思想。后转学于南洋公学，加入同盟会。1921年夏天，朱季恂抵押田产，和他的学生侯绍裘倾囊接办景贤女校，改校名为松江景贤女子中学。1923年4月，由邵力子介绍，加入中国国民党，并当选为中国国民党江苏省代表。1924年5月，受孙中山委派，在松江成立中国国民党江苏省临时省党部，被选为常务委员。1926年1月，在国民党第二次代表大会上被推选为中央执行委员。是年5月留广州国民党中央工作，1927年病逝于广州。

1927

党的足迹

党的五大

1927年4月至5月,中国共产党第五次全国代表大会在武汉举行。出席大会的代表82人,代表全国57967名党员。党的五大选举出了党的中央委员会。还选举产生了党的历史上第一个中央纪律检查监督机构——中央监察委员会。中央政治局会议根据党的五大的要求,通过修改党章的决议,正式提出党内实行民主集中制的组织原则。

——《中国共产党简史》

在一片白色恐怖中,中共五大如何在武汉召开?

南昌起义的经费问题是怎么解决的?

南昌起义部队如何妥善处理捐款?

在一片白色恐怖中，中共五大如何在武汉召开？

蔡以忱的砚台：见证中央监察委员会的诞生

【文物影像】

这方砚盘的主人是蔡以忱。1927年4月27日至5月9日，蔡以忱出席党的五大，并当选为中央监察委员会委员。由于牺牲得比较早，加上各种资料遗失，这位党的五大代表、秋收起义中的风云人物在很长时间里都不为人所知。近十年来，在党史研究人员的努力下，蔡以忱的革命生涯细节才逐渐为人所知。

蔡以忱1927年在武汉用过的砚盘，二级文物，武汉革命博物馆馆藏（图片由该馆提供）

【家国故事】

推荐黄陂会馆为会议地点

对于中国共产党而言，1927年是个转折性的年份。当年4月12日，

自从有了党
——文物背后的家国故事

蒋介石在上海发动反革命政变。随后，国民党相继在江苏、浙江、安徽、福建、广东、广西等省，以"清党"为名，大规模捕杀共产党员和革命群众。

1927年4月27日至5月9日，中共五大在武汉举行。大会开幕的第二天，38岁的李大钊在北京西交民巷京师看守所被绞杀。这位中共重要的创始人牺牲在五大开幕之际，可见当时形势之严峻。

当时的武汉虽然不像上海那样处于一片白色恐怖之中，但武汉国民政府主席汪精卫与蒋介石关系暧昧，武汉也已呈"山雨欲来"之势。此时，中共中央决定召开全国代表大会，必须寻觅一处绝对安全和便利的地点。作为中共湖北区委委员、宣传部主任兼武昌地委书记，蔡以忱向五大筹备委员会建议，会议开幕式在武昌第一小学举行，而后转移到汉口的黄陂会馆。开幕式向社会公开，后面的会议议程秘密进行。这一建议被筹委会秘书长蔡和森采纳。

蔡以忱推荐的黄陂会馆位于汉口济生三马路与京汉铁路之间，为一栋西式风格的两层长方形洋楼，是当时汉口比较豪华、宽敞的西式会所，适合秘密地召开大型会议。而且，蔡以忱是黄陂人，他与会所那些黄陂旅汉的乡绅大佬私交甚笃，会议期间，这些人也会来"为老乡捧场"，对大会进行暗中保护。

准备妥当后，各地的五大代表开始云集武汉。当时的中共中央已经由上海迁往武汉，但上海依然有一大批人在隐蔽状态下工作。他们能否躲过反动派的捕杀、顺利到达武汉呢？

1927年4月20日前后，一艘英国怡和公司的轮船从上海起航前往汉口。统舱里有许多青年，穿西装的、中山装的、学生装的。他们互不认识，分散而坐，一问起来，有的是"卖水果的"，有的是"做茶叶生意的"，还有的是"贩运瓷器的"。轮船沿江西行，一过江西九江，这些人就开始活跃起来，他们对时局了如指掌。原来，其中很多人都是中共滞留在上海的高层，李立三、罗亦农、王荷波、王明、共产国际代表魏金斯基等就在其中。

蔡以忱的砚台：见证中央监察委员会的诞生

最终，大家全都平安抵达武汉。

4月27日，中国共产党第五次全国代表大会隆重开幕。参会的除了中共五大的代表，还有国民党左派代表人物以及英国、法国、美国共产党的代表。开幕式结束后，大会休会一天，随后将会场按照既定计划转移到黄陂会馆秘密进行。

会议期间，共产党人、时任武汉市公安局的局长吴德峰带领大批警察部队和便衣在会场附近巡逻，汉口总工会工人纠察队的便衣人员被布置在各个岗位负责安保工作。当然，蔡以忱熟识的那些黄陂老乡，也在暗中对会场进行保护。

5月9日，党的五大在黄陂会馆顺利闭幕。会议选举产生了新一届中央委员44人，以及中国共产党第一个中央纪律检查机构——中央监察委员会。蔡以忱当选监察委员会委员。

党的五大会址

参加湘赣边秋收起义

党的五大后，毛泽东和罗章龙前往湖南组织武装斗争。临行前，毛泽

自从有了党
——文物背后的家国故事

东让罗章龙推荐一位有作战经验的军事干部一起去湖南。罗章龙推荐了蔡以忱。罗章龙认为蔡以忱是湖北农民运动自卫军的负责人,懂得一些军事,所以要他去。

蔡以忱1899年出生于湖北省黄陂县(今武汉市黄陂区)一户农民家庭,1916年考入湖北省立第一师范学校。1919年,五四运动爆发,在恽代英的领导下,他作为湖北省学生联合会代表之一,领导发动了武汉学生运动。蔡以忱从一师毕业后,在武汉一边教书,一边做了大量革命工作。1923年,他经董必武介绍加入中国共产党。

1927年7月15日,汪精卫公开叛变革命,正式在武汉宣布"分共"后,蔡以忱前往湖南,随后被安排到安源,担任中共安源市委书记。毛泽东来到安源后,蔡以忱根据毛泽东的安排,组织和参加了9月1日在张家湾召开的秋收起义军事部署会议(史称安源会议)。他组织的安源矿工武装和王兴亚的农军被编为工农革命军第一军第一师第二团,王兴亚为团长,蔡以忱为政委。

1927年9月10日,中秋,第二团遵照毛泽东、卢德铭的统一部署在安源起义,深夜挺进萍乡。11日成功攻下老关后,又乘胜接连攻克醴陵、浏阳县城。但由于部队麻痹轻敌,9月16日陷入优势敌人的包围,只有部分人突围脱险。

湘赣边秋收起义后,蔡以忱调回安源继续主持市委工作,之后被任命为中共湖南省委秘书长、中共湘西特委常务委员。1928年1月,蔡以忱调任中共湖南石门县委书记,发动了震动三湘的石门年关暴动。这次暴动沉重打击了敌人的嚣张气焰,但土豪劣绅很快勾结军阀到石门进行疯狂报复。同年10月25日,蔡以忱因叛徒出卖,在澧县被捕牺牲。就义前赋绝笔诗一首:"申鸣大义臣,仗剑扫烟尘;横刀眉梢笑,忠贞掩昆仑。"

南昌起义的经费问题是怎么解决的？
南昌起义部队如何妥善处理捐款？

收条与回信：万元巨款支持南昌起义

【文物影像】

这是一张收条和一封回信，泛黄的纸张上"总理遗嘱"四个大字和大段的"孙中山遗嘱"分外醒目。这两份文物的正文均为毛笔手书，两侧还印有"革命尚未成功 同志仍需努力"等字样。正是这两件文物，引出"南昌起义"这一重大历史事件背后不为人知的一段细节故事。

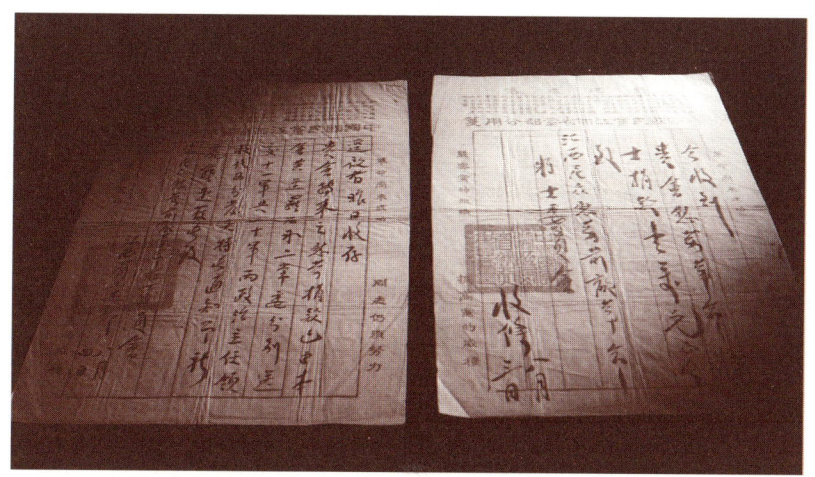

收条与回信，一级文物，南昌八一起义纪念馆馆藏

自从有了党
—— 文物背后的家国故事

【家国故事】

雪中送炭的捐款

1927年8月1日凌晨，由周恩来、叶挺、贺龙等人领导的南昌起义爆发，打响了中国共产党武装反抗国民党反动派的"第一枪"。由于准备充分，组织得当，加上起义军将士们的顽强战斗，起义只用四个小时就取得了胜利。第二天，工农商学兵各界群众五万多人，会集到市区东边皇殿侧的公共体育场上，参加庆祝革命委员会成立和军民联欢大会，庆祝南昌起义的伟大胜利，整个南昌城沉浸在一片胜利的喜悦中。

8月3日早晨，一位叫朱大帧的人来到党部，将一万银圆捐给了起义部队。朱大帧是江西民众慰劳前敌革命将士委员会的负责人，是国民党左派人士。江西民众慰劳前敌革命将士委员会成立于1927年6月，是一个群众性组织。

为起义部队代收慰问金的，是国民党江西省党部执行委员会常委黄道和罗石冰。他们收到捐款后，给朱大帧写下了这份收条："今收到贵会慰劳革命将士捐款壹万元正。"这时的国民党江西省党部是以共产党员为核心的国共合作组织，黄道早年参加革命活动，是中共江西省党组织和赣东北革命根据地的创始人之一。罗石冰也是江西省早期共产党员，南昌起义后担任新成立的革命委员会财务委员会委员，负责筹备组织数万群众的庆祝大会，征集民众捐款慰问南昌起义军。

第二天，黄道和罗石冰将这笔捐款交到了起义军中。随后，他们给朱大帧写了一封信："迳启者昨日收存贵会转来之慰劳捐款已由本会黄道罗石冰两常委分别送交十一军与二十军两政治（部）主任领收代为分发矣。"回信后面盖着"中国国民党江西省执行委员会"的方形公章。

这笔钱对起义军来说可谓雪中送炭。当时，全国金融紊乱、物价飞涨，

收条与回信：万元巨款支持南昌起义

纸票购买力低下。叶挺、贺龙从武汉带过来的国库券以及起义部队接管江西省银行所得的纸币，都已大打折扣。而且，起义部队正准备南下，沿途纸币使用困难，这一万银圆，正好可以供起义部队在南下途中使用。

黄道

罗石冰

"回信和收条"反映了当时南昌人民踊跃支援起义军的历史，也反映了党员干部办事认真细致、有始有终的工作作风。朱大帧一直将收条和回信妥善保管着，一直到20世纪50年代中期，南昌市筹建八一起义纪念馆时，他才拿出来并向来访的同志介绍了这件事。

不幸遭遇特务下毒

"收条与回信"的两位主要当事人黄道和罗石冰后来去了哪里呢？

南昌起义部队南下后，黄道遭到国民党反动派通缉，悄悄潜回老家，与方志敏一起在赣东北从事革命活动。1930年，他与方志敏、邵士平等人利用中原大战的有利时机，创建了赣东北革命根据地。不久，赣东北根据地与闽北根据地合并，成立了赣东北省委和赣东北苏维埃政府（后改为闽浙赣省委和闽浙赣苏维埃政府）。1931年7月，黄道调任中共闽北分区区

自从有了党
—— 文物背后的家国故事

委书记，1934年1月当选为中华苏维埃共和国临时中央政府执行委员。

南昌起义指挥部旧址

中央红军长征后，黄道奉命留在闽北，领导了艰苦卓绝的三年游击战争。"七七事变"后，国共两党经过谈判建立了抗日民族统一战线，分布于江南各省的游击队被改编为新四军。1937年底，黄道领导的游击队在江西铅山石塘镇集中，闽北游击队改编为新四军第三支队第五团，闽东游击队改编为第三支队第六团，一道奔赴江南抗日前线。黄道随后转赴南昌，主持新四军驻赣办事处工作。

1939年3月，日寇大举进攻南昌。黄道在爱国人士和广大群众的协助下，将办事处安全地撤离南昌，迁往吉水县的吉水滩。5月，办事处决定前往上饶。在途经铅山河口时，黄道因病住进当地的大同旅社。然而，不幸的事情就在此时发生了。

国民党上饶集中营特务黄玉成、吕鹤年等人买通为黄道治病的医生，趁看病之机给黄道注射了致命的毒药……

黄道遇害后，国民党反动派为了掩人耳目，对外宣称"黄道病死"。直到新中国成立后，特务黄玉成被逮捕，经过长达八个月的调查与审讯，黄道的死因真相才水落石出。1950年11月，黄玉成被判处死刑，在横峰县城郊被处决。其他几名特务也都陆续落网，受到了应有的惩罚。

英名永载史册

当起义军南下时，"收条与回信"的另一位当事人罗石冰随军转移，在广东潮汕地区不幸被俘。不过，由于他的机智勇敢，被俘后又逃脱。1928年，罗石冰到上海治病，被组织送往苏联莫斯科学习，1930年回国后担任中共青岛市委书记。

他在青岛工作期间，重建了已经遭到严重破坏的市委领导机构，先后建立了各产业工会，加强了党对青岛工人运动的组织领导，使青岛的工人运动面貌一新，得到中华全国总工会的高度评价。

1931年1月17日，罗石冰来到上海，准备参加由中华全国总工会秘书长林育南召集的党的会议。当日下午1时左右，当他来到开会地点东方旅社时，万万没想到这竟然是个圈套，租界巡捕早已包围了东方旅社，逮捕了林育南等7位与会同志，现在正埋伏在旅社里等着其他参会人员自投罗网。罗石冰一走进东方旅社的房间就被逮捕了。

虽然罗石冰化名为苏玉清，而且编造了早已准备好的一套说辞，但敌人早已从内部获知真情，认定他是"共党要犯"，和另外30多名被捕的同志一同被押往位于龙华的上海淞沪警备司令部。

罗石冰在监狱里遭到敌人严刑拷打，已奄奄一息。但他始终没有说出自己的身份。党组织专门成立了营救委员会，设法营救罗石冰等人。他们利用家属送饭的机会，将写有营救计划的秘信夹在食品中带给狱中的同志们，但营救最终还是未能成功。

1931年2月深夜，罗石冰和林育南、何孟雄、李求实、柔石、龙大道等24名革命同志被押往刑场秘密杀害。由于当时罗石冰没有暴露自己的身份，人们并不知道他牺牲的确切时间和地点，直到20世纪80年代，有

自从有了党
——文物背后的家国故事

关部门才确定了罗石冰是 24 位死难烈士中的一员,他的名字被刻在了"龙华二十四烈士"纪念碑上。

【延伸阅读】

黄道(1900—1939)

江西横峰人。原名瑞章,别号一鸣。早年入南昌二中、北京高等师范学校学习。1923 年加入中国社会主义青年团。1924 年加入中国共产党。曾参加南昌起义,后任中共闽浙赣省委组织部长、闽浙赣省军委政治部主任、闽北特委书记、闽赣省委常委兼宣传部长、中华苏维埃政府中央执行委员等。1934 年中央红军主力长征后,留在根据地坚持斗争,任中共闽赣省委书记。抗战爆发后,任中共中央东南分局委员、江西省委书记、江西省委宣传部长兼统战部长。1939 年 5 月 23 日在江西铅山河口镇被国民党特务暗害。

罗石冰(1896—1931)

江西吉安人,又名石彬,号子实。1919 年毕业于南昌省立第一师范学校。1924 年考入上海大学。同年加入中国共产党。1926 年到江西,曾任中共江西地委书记、江西区委委员兼吉安地委书记、国民党江西省党部常委兼组织部长。1927 年参加南昌起义,任中国国民党革命委员会财务委员。1928 年赴苏联,入莫斯科东方劳动者共产主义大学学习。1930 年回国,任中共青岛市委书记。1931 年 1 月在上海被国民党当局逮捕,2 月 7 日在上海龙华就义。

1928

党的足迹

党的六大

  1928年6月至7月,中国共产党第六次全国代表大会在苏联莫斯科近郊举行。出席大会的代表共142人。大会明确指出,中国仍然是一个半殖民地半封建的国家,中国革命现阶段的性质是资产阶级民主革命;当前中国的政治形势是处于两个革命高潮之间,第一个革命浪潮已经过去,而新的浪潮还没有到来;党的总路线是争取群众。大会选举产生了新的中央委员会。

——《中国共产党简史》

是什么驱使他放弃优渥的生活,走上艰难的革命道路?
念及高堂父母和膝下儿女,身陷囹圄的革命者心境是怎样的?

面对敌人的残酷封锁,井冈山根据地军民如何解决缺盐难题?

是什么驱使他放弃优渥的生活，走上艰难的革命道路？
念及高堂父母和膝下儿女，身陷囹圄的革命者心境是怎样的？

熊亨瀚的遗书：透出中国革命的曙光

【文物影像】

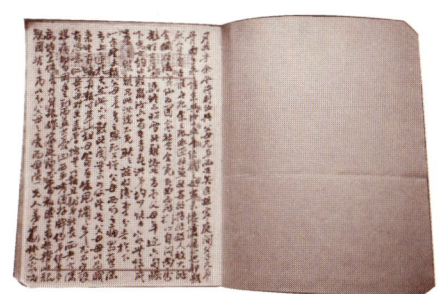
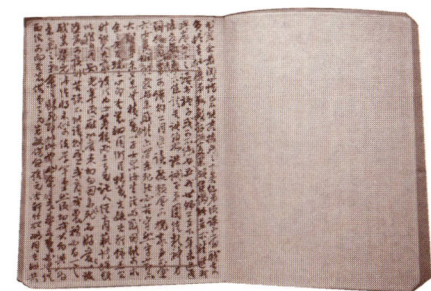
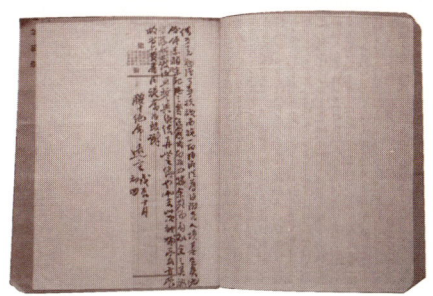

熊亨瀚家书，一级文物，湖南党史陈列馆馆藏（图片由该馆提供）

"月如乎：余将别汝与父母兄弟去矣。追思家庭间父子兄弟骨肉手足之情，暨与汝十五年结婚之好，宁不凄怆伤心也耶！虽然人生自古谁无死，余之死，非匪非盗，非淫非拐，非杀人放火，非贪赃枉法，实系为国家社会，为工农群众，含冤负屈而死。扪心自问，尚属光明，

自从有了党
——文物背后的家国故事

公道未泯,终可昭雪。所难甚者,高堂父母,年近六旬,膝下儿女,均只数岁,汝亦尚在青春,诸弟均少能力,家无恒产,养育艰难。凡此诸端,不免耿耿。……"

这是熊亨瀚1928年11月15日在狱中写给妻子詹月如的遗书中的一段。1927年马日事变后,熊亨瀚在党的领导下,在武汉、九江等地建立秘密据点,联络同志,策划武装斗争。1929年11月7日在武汉鹦鹉洲被捕。27日被押回长沙,次日英勇就义,时年34岁。被关押在国民党武汉卫戍司令部监狱时,他自知时日不多,向看守借来纸笔,写下了这封遗书。

【家国故事】

"此生空热心中血,再世当为天下雄"

熊亨瀚首先向妻子说明了自己牺牲的原因,"虽然人生自古谁无死,余之死,非匪非盗,非淫非拐,非杀人放火,非贪赃枉法,实系为国家社会,为工农群众,含冤负屈而死"。面对生死,他光明磊落,"扪心自问,尚属光明,公道未泯,终可昭雪"。这种大义凛然,表现出一名共产党人以天下为己任,追求正义与公理,舍生取义的崇高气节和为国为民的炽热情怀。

然而,他既是一名革命者,也是慈父、孝子、丈夫和兄长。念及身后之事,他感到悲痛和惭愧。"所难甚者,高堂父母,年近六旬,膝下儿女,均只数岁,汝亦尚在青春,诸弟均少能力,家无恒产,养育艰难。凡此诸端,不

熊亨瀚

免耿耿。"于是,他将后事做了详细安排,对于父母兄弟都留下了遗言,充分体现了他对父母的孝心和对兄弟的关爱。对于自己孩子的教育问题,他叮嘱妻子:"儿辈须严加管束,切勿因余之死而溺爱之,以致堕落。"

写完遗言,熊亨瀚回忆起自己这些年来为革命奔走呼号的日子,不禁感慨万千。他又为自己写了一对挽联:"十余载劳苦奔波,秉春秋笔,执教士鞭,仗剑从军,矢忠护党,有志未能伸,此生空热心中血;一家人悲伤哭泣,求父母恕,劝兄弟忍,温语慰妻,负荷嘱子,含冤终可白,再世当为天下雄。"这对挽联,成为他为国为民、倥偬一生的写照。

"风雨暗神州,男儿急国仇"

长沙是较早开革命风气的城市之一。1911年10月,武昌起义爆发,湖南的革命党人首先响应。10月22日,焦达峰、陈作新等人率领新军攻打巡抚衙门。起义很快取得胜利,湖南成立了军政府。10月31日,军政府焦、陈二都督被立宪派刺杀,湖南形势急转直下。与此同时,武汉的革命军也受到袁世凯势力的威胁而面临危险。

此时,17岁的湖南学子熊亨瀚报名参加了湖南学生援鄂军敢死队,准备前往武汉巩固武昌起义的胜利。这500余名学生军抵达武汉后受到武昌起义军总司令黄兴的接见,但因辛亥革命党人与袁世凯"南北议和",敢死队最终解散。1912年2月,熊亨瀚和部分敢死队员返回长沙,途经岳阳时写下了《过岳阳》,表达了自己对国家前途命运的担忧:"风雨暗神州,男儿急国仇。哪来诗酒兴,吟醉岳阳楼?"

袁世凯就任中华民国大总统后,加紧推行专制统治。当时南方各省纷纷宣布独立,发起"二次革命"。湖南的革命学生因反袁运动受到袁世凯的镇压,作为学生革命运动中的突出人物,熊亨瀚也受到通缉。长沙已无立足之地,他便在革命志士刘文锦的帮助下,于1913年秋流亡日本。

自从有了党
——文物背后的家国故事

来到日本后,熊亨瀚进入了孙中山、黄兴等人共同举办的一所收容中国革命青年的学校神田法政学院。在校两年期间,他进一步研究欧美资产阶级民主思想和孙中山先生的各种主义与学说。他虽身处异乡,却心怀祖国,写下了《旅怀》一诗,抒发自己的爱国情怀:"岂有闲情学楚狂?樱花时节下东洋。江山信美非吾土,争似寒梅傲草窗。"

1915年回国后,熊亨瀚曾就职于北京的《真共和报》,也曾在家乡办杂志,几经坎坷,最终认为兴办教育、开发民智才是改造社会最佳途径,于1921年赴长沙育才中学任教,将全部精力倾注于教育事业。他除了在育才中学授课外,还兼任长郡中学的国文教员以至校董,有一段时间还担任过湘江中学的课务。

在教学中,熊亨瀚满怀革命豪情,传播新思想、抨击旧势力、针砭时弊。在他的教育和鼓励下,学生们关心时局、谈论政治蔚然成风。

"明朝何处去,豪唱大江东"

大革命时期,国民党和共产党实现了第一次合作。1925年春,国民党湖南省第一次代表大会在岳麓山秘密举行。会上,熊亨瀚、何叔衡、李维汉、易礼容等十余人被选为执监委员,由共产党和国民党左派组成的国民党湖南省党部成立,熊亨瀚成为一名职业革命活动家。

1926年春,熊亨瀚加入了中国共产党。在经历一系列曲折后,他感到自己终于找到了正确的革命方向,写下了诗句:"九曲是黄河,长江曲亦多。终将入东海,挥剑斩鼋鼍。"

入党后,他在中共湘区区委的领导下,依然以国民党湖南省党部执行委员的身份进行革命活动。随着革命形势的发展,湖南的农民运动也轰轰烈烈地开展起来,熊亨瀚成为湖南省农民运动的骨干。

全国轰轰烈烈的革命活动引起了反动派的恐慌,1927年4月12日,蒋介石在上海发动反革命政变,湖南反动军阀何键步其后尘,指使反动军官许克祥于 5 月 21 日深夜发动政变,向省城革命机关和革命组织发起突然袭击,大肆屠杀共产党员和革命群众,长沙陷入一片恐慌之中。

在叛军的血腥捕杀和全省通缉中,熊亨瀚暂避老家湖南桃江县。一个多月后,熊亨瀚不顾家人劝阻,决定前往汉口寻找党组织。他哭别了父母,化装成渔民乘船离开了家乡。到洞庭湖时,他见一轮皓月,满天繁星,湖面水汽氤氲,水中星光点点,不禁思绪万千。

船至汉阳鹦鹉洲,他上岸找熟人打听消息,得知 7 月 15 日武汉国民政府主席汪精卫已叛变革命,武汉三镇已经笼罩在腥风血雨中。但令人振奋的是,叶挺、贺龙等人率领的军队已于 8 月 1 日取得了南昌起义的胜利!熊亨瀚决定赶往江西寻找组织参加武装斗争。

出发前,他感叹于征途漫漫、道路艰难,但一想到南昌起义的胜利,又充满豪情,写下了《途中》一诗:"昨夜洞庭月,今夜汉口风。明朝何处去?豪唱大江东。"

"大地春如海,男儿国是家"

遗憾的是,还没等熊亨瀚赶到南昌,他就得到消息:起义部队早已南下。他不得不改变计划,到江西北部的彭泽县,在当地一位亲戚的帮助下开了一家杂货店,以做生意为掩护,继续从事革命活动。从 1927 年到 1928 年间,他多次往返于湖北、湖南和江西之间,曾在汉阳培养过一位码头工人入了党,还发展了两名在武汉公安局任职的青年警察做内线,积极营救被捕同志。

虽然时过境迁,我们已经无法知道那两年他的具体工作情况,但他留下的诗句,是他在那两年时间里出生入死、四处奔波的真实记录。1928 年元宵节时,他写了《客中过上元节》:"大地春如海,男儿国是家。龙灯花

自从有了党
——文物背后的家国故事

鼓夜,长剑走天涯。"

1928年9月,熊亨瀚再次从彭泽回武汉活动,不幸被特务盯上。11月7日,他在鹦鹉洲江边等待渡船时被捕,关押在武汉卫戍司令部。敌人曾对他多次提审,多次严刑拷打,却始终未从他口中得到任何关于党组织的信息。当时《湖南通俗日报》引汉口9日电讯称:"熊坚不吐实,绝未供出同伙。"

在狱中,熊亨瀚写下了遗言,随时准备赴死。

1928年11月27日晚,武汉卫戍司令部将熊亨瀚押解至长沙。湖南反动当局通缉他已久,恨之入骨,连夜走完流程,准备第二天一早行刑。速度之快,连冯玉祥的加急保释电都来迟了一个钟头!

1928年11月28日清晨,长沙浏阳门外。冬日里寒气袭人,四周一片肃杀。

在一群持枪士兵押解下,熊亨瀚神态自若地往十字岭头的刑场昂首走去。在闻讯赶来与他诀别的人群里,熊亨瀚看到了三弟熊熙才。他喊了声"三伢子",随后向人群里的三弟高喊:"好好保养父母,我去了!"

枪声过后,他英勇就义。

那封遗书,由狱中传出后,秘密辗转到熊熙才手里,后被转交与熊亨瀚的妻子詹月如。为了躲避国民党反动派的搜查,詹月如将烈士遗言和书信等藏于桃江县龙伏庵一尊菩萨肚内,新中国成立后才将其取出,捐献于湖南党史陈列馆收藏,保存至今。

烈士牺牲后,他生前的诗作被民众广为抄写流传。在战乱的年代里,抄写保存这些"反诗",可能有掉脑袋的危险,但还是有许多人喜欢这些诗歌的韵律、豪放的情怀,更感动于作者炽热的感情。

面对敌人的残酷封锁,井冈山根据地军民如何解决缺盐难题?

一个盐罐:盛下井冈山的艰苦岁月

【文物影像】

1927年10月,湘赣边界秋收起义受挫后,毛泽东率领部队来到井冈山,开始了创建农村革命根据地的斗争。随着斗争的不断深入,井冈山革命根据地的影响越来越大,给敌人造成了极大恐慌,他们在加强对井冈山军事"进剿"的同时,也加紧了对井冈山的经济封锁,根据地与外界的一切经济联系被切断。

敌人的经济封锁,给根据地军民日常生活造成了极大困难,包括食盐在内的一些日常生活必需品变得十分短缺。在艰难的岁月里,井冈山革命根据地出现了许多关于食盐的感人故事。

李尚发的食盐罐,一级文物,井冈山革命博物馆馆藏

自从有了党
——文物背后的家国故事

【家国故事】

李尚发藏盐

由于敌人的经济封锁,井冈山革命根据地无法从外面采购食盐。战士们和老百姓吃饭需要盐,医院为伤病员清洗伤口也需要盐,缺盐成为根据地的一个大问题。潜伏在白区的地下党组织虽然想尽办法采购食盐,但也只有极少部分能进入根据地。

毛泽东在写给中央的报告中也为缺盐的问题而烦恼:"由于敌人的封锁,食盐、布匹、药材等日用必需品,无时不在十分缺乏和十分昂贵之中""永新、宁冈两县没有盐吃,布匹、药材完全断绝,其他更不必说"。

当地老百姓曾用土方法制盐,他们把老房子的墙根挖了,浸泡后滤一遍,只剩下水,再把水熬干,剩下的结晶上面是硝下面就是盐。不过这种办法也不是长久之计。

1928年冬天,红军打土豪时缴获了一批食盐,立即将其进行了分配。一部分食盐被分到各部队,其余的都分发给了根据地的老百姓。曾担任过遂川县新遂边陲特别区工农兵政府主席的贫苦农民李尚发也在防务委员会分到了一瓢食盐,拿回家放在一个小瓮内,一直舍不得吃。

1929年2月,井冈山失守。为防止这罐珍贵的食盐落入敌手,李尚发在自家老杉树下挖了个洞,将盐罐埋入洞中。然后,他带着家人躲进了深山老林逃过一劫,在腥风血雨的历史中幸存下来。1959年,已经是井冈山敬老院院长的李尚发闻知新建的井冈山革命博物馆正在征收文物的消息后,回到家里将30年前埋在老杉树下的盐罐子挖出来,捐给了井冈山革命博物馆。

一个盐罐：盛下井冈山的艰苦岁月

张子清献盐

张子清是中国工农红军早期著名将领。1928年4月，为掩护朱德、陈毅率领的起义部队上井冈山，他在酃县接龙桥阻击敌人的战斗中脚踝受伤。井冈山会师后，中国工农革命军第四军成立，张子清担任十一师师长。

由于井冈山医疗条件差，加上国民党的封锁，各种药品缺乏，张子清的脚伤竟一直未能痊愈。1928年底，他被转入小井红军医院治疗。当时的红军医院没有酒精之类的消毒水，只能使用盐水来清洗伤口消毒。由于食盐短缺，医院里竟然连清洗伤口的盐也没有了，只能用白开水来清洗，不少伤员因此导致伤口感染。

战士们把平时舍不得吃的食盐积攒下来，带到红军医院给张师长清洗伤口用。但张子清也舍不得用，他把战士们送给他的食盐用油纸包好，放在枕边。后来，他听说医院极度缺盐，便主动找到医院负责人，将自己珍藏的那包食盐捐献了出来，留给伤病员使用。

1929年初，红四军向赣南闽西进军，张子清由于伤情较重，被迫留在井冈山养伤。因医疗条件差，伤口反复感染，最后不得不截去一条腿。1930年5月，由于伤口再次化脓感染，张子清不幸在永新逝世。

聂槐妆送盐

国民党反动派的封锁导致井冈山食盐奇缺，井冈山军民绞尽脑汁想办法从外界运送食盐到根据地。敌人在重要的路口设置关卡，不少人因为偷送食盐被逮捕，甚至被杀害。

1928年5月，聂槐妆参加革命工作，担任茅坪乡工农兵政府妇女委员。1929年1月底，敌人占领了井冈山大小五井、茨坪、茅坪等地，对各路口严密把守，企图把红军困死在冰雪封冻的深山里。扼守黄洋界哨口的红四军三十二团特务连，在哨口失守后被迫隐蔽进山林。当时特务连所剩人员

自从有了党
——文物背后的家国故事

不多,半数以上是伤员,他们最缺的就是用于消毒的盐。连长多次悄悄派人下山,想找人弄点儿盐。

敌人对上山人员进行严格盘查,送盐上山的通道都被堵死。当地群众把盐藏在竹筒内、货郎担子里、篮子底下、双层水桶内等,但都被敌人识破。聂槐妆看在眼里,急在心里。她忽然想到一个好办法:先把盐溶化在水里,然后将一件吸水性好的棉衣泡进盐水中,衣服湿透后再将它烘干。随后,聂槐妆穿着晾干的棉衣,罩上一件新外套,装扮成走亲戚的农村妇女,骗过敌人的检查,顺利地上了山。

来到红四军三十二团特务连的隐蔽地后,聂槐妆脱下棉衣,将它放在锅里浸泡,再把棉衣取出,将锅里的水烧干,留在锅底的,就是一小捧白花花的盐。

她用同样的方式为战士们送了几次盐,为山里的红军战士解了燃眉之急。当聂槐妆最后一次送盐上山返回家时,引起了敌人的怀疑。敌人将她押到李家祠堂严刑拷打,让她说出红军的藏身地,但聂槐妆始终守口如瓶。最后,敌人残忍地将她杀害了。

【延伸阅读】

张子清(1901—1930)

湖南益阳人。湖南讲武堂毕业。1920年担任湖南零陵镇守使公署上尉副官。曾积极参加反对湖南军阀的革命活动。1925年加入中国共产党。同年到广州,入农民运动讲习所学习。1926年奉命赴黄埔军校第三分校任教官。1927年任国民政府警卫团三营副营长,并随警卫团参加秋收起义。三湾改编后,历任中国工农革命军第一团三营营长、第一师参谋长兼一团团长、红四军第十一师师长、中共湘赣边界特委委员。1930年5月在江西永新病故。

1945

党的足迹

党的七大

  1945年4月至6月，中国共产党第七次全国代表大会在延安杨家岭中央大礼堂召开。出席大会的正式代表547人，候补代表208人，代表着全国121万名党员。党的七大是党在新民主主义革命时期召开的一次极其重要的全国代表大会。它总结了中国新民主主义革命20多年曲折发展的历史经验，制定正确的路线、纲领和策略，克服党内的错误思想，使全党对于中国民主革命的发展规律有了比较明确的认识。把毛泽东思想确立为党的指导思想并写入党章，是党的七大的历史性贡献。

——《中国共产党简史》

中共七大为何多次延期？
700多名七大代表如期参会，途中经历了哪些危险？

在复杂斗争环境中，失联党员如何寻找党组织？
在中共高层巨变的危机关头，"一号机密"如何脱险？

为什么有"舆论场是不见硝烟的战场"的说法？

中共七大为何多次延期？
700多名七大代表如期参会，途中经历了哪些危险？

七大代表证：一对伉俪革命之旅的印记

【文物影像】

七十多年前，党的七大在延安召开，时任新四军一师二旅副旅长的段焕竞带着妻子李珊和两岁的女儿，经历生死之险前往延安参会。这两张代表证见证了那段光荣而艰辛的旅程。

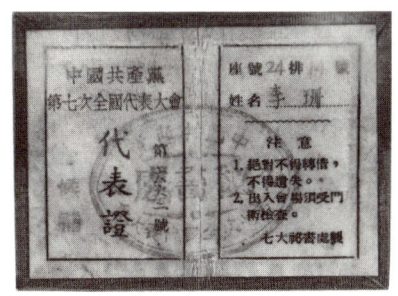 

李珊和段焕竞的七大代表证，一级文物，茅山新四军纪念馆馆藏（图片由该馆提供）

【家国故事】

被迫延期的七大

1943年3月中旬，段焕竞和李珊接到新四军政治部的通知，要求他们前往延安中央党校学习，并准备出席在延安召开的中国共产党第七次全国

自从有了党
——文物背后的家国故事

代表大会。

这次大会来之不易。由于斗争形势紧张,当时拥有100多万名党员的中国共产党已经17年没有召开党代会了。1928年6月召开的党的六大,还是在苏联首都莫斯科秘密召开的。实际上,早在1931年,中央就准备召开七大,随着国民党反动派对中央苏区的屡次"围剿",会议准备工作也被迫中断。1937年12月,中央政治局会议通过了《关于召集第七次全国代表大会的决议》并成立了七大筹备委员会,但由于诸多因素的干扰并未开展实际工作。

1939年6月和7月,中共中央书记处先后两次向各地党组织发出选举七大代表的通知,并要求当年9月1日前确定代表人选。但是,国民党反动派接连发动两次反共高潮,七大再次被迫延期。1941年3月,中央政治局会议决定在当年"五一"召开七大,但因为前方战事紧张、大生产运动等情况再次推迟。1943年8月,中央发出了《关于"七大"代表赴延安出席大会的指示》,最后到1944年5月六届七中全会召开时,七大才被提上议事日程。

段焕竞和其他大多数七大代表一样,在会议确定召开日期之前就已经出发了。

遭遇日军"扫荡"

1943年3月下旬,段焕竞带着简单的行李,和妻子李珊一起从江苏东台县距离黄海不远的大桥镇出发。李珊当时是新四军二旅卫生部的教导员,考虑到他们当时的实际情况,组织上同意他们带一个孩子赴延安。夫妻俩将尚在襁褓中的小女儿托付给老乡后,带上了两岁的大女儿段淮出发了。

最初,他们准备由大桥镇坐船走海路到山东,但因为一起事件导致海

七大代表证：一对伉俪革命之旅的印记

路中断。1943年2月，新四军三师51名干部乘坐的船只途经连云港外海域时，突然遭到日军巡逻艇袭击，包括三师参谋长在内的多人牺牲。于是，段焕竞等人不得不改变行程安排，先到淮北地区，再经淮北到晋冀鲁豫，走敌占区到太行山根据地，再穿过山西到陕北。

没想到，段焕竞一行人出发没多久，就被下乡"扫荡"的日军包围。他带着随行的战士们与日军激战，最后终于成功突围，但队伍在行动过程中被冲散，妻子李珊和女儿不知所踪。和妻子一起失踪的，还有三旅政治部主任卢胜。

第二天，地方干部把三人毫发无损地送到段焕竞身边。原来，李珊抱着孩子跑不快，和她在一起的卢胜也受了伤，便和他一起躲到了老百姓家里。日军"扫荡"结束后，她在地方干部的帮助下找到了段焕竞。

此时，日军正在加紧对淮北进行"扫荡"，这时候他们过去，肯定危险重重。正当他们商量对策时，新四军军部指示，要求他们一行先到盱眙县黄花塘军部暂住，随后又到华中党校学习。

靠假"良民证"骗过检查

在华中党校学习了两个月后，上级决定让他们分两批走。1943年7月，段焕竞、李珊夫妇带着孩子再次出发了。这次，夫妻俩扮成商人，从盱眙码头上船，北渡洪泽湖到泗阳县，抵达位于当地的新四军四师师部。在那里，他们托人搞到了一张假的商人"良民证"，随

段焕竞、李珊夫妇合影

自从有了党
——文物背后的家国故事

后在交通员的护送下从灵璧县的任桥车站登上了北上的火车。没想到,当火车到达南徐州(宿县)车站时,他们遭遇了日军检查。

这是极度危险的时刻,一旦假"良民证"被识破,后果不堪设想。好在李珊上车时认识了一名老太太,她帮老太太提行李,几个人扶老携幼在一起,更像是在外地做生意的一家人,降低了日军检查人员的警惕,最后竟然通过了检查,顺利抵达徐州。

经过两个月的辛苦跋涉,段焕竞夫妇于1943年9月抵达位于山西省麻田镇的八路军总部。在这里经过短暂休整后,在交通员的护送下经沁县,翻越太岳山,过汾河经吕梁山南麓到石楼县。

过汾河时,背着女儿的李珊不小心身陷泥潭。千钧一发之际,她被人一点一点地拉出泥淖,再一次死里逃生。渡过汾河后,他们从河口渡黄河抵达陕北清涧,然后经过子长县抵达延安。

这时候的延安已经是冬季,距离段焕竞夫妇从大桥镇出发时的阳春三月已经过去大半年。他们经过了20多道封锁线,穿过800里敌占区,经10余处革命根据地,行程5000余里,最终抵达革命圣地延安。

参加党的七大

当段焕竞一行于1943年冬季抵达延安时,七大的会期还没有确定,他们被安排到党校学习。一直到1945年4月23日,一再延期的中国共产党第七次全国代表大会终于开幕了,700多名代表从全国各地抵达延安。

他们中有的人来自沦陷区,要通过敌人的重重封锁。有的人化装成商人、小贩甚至乞丐,靠一双脚昼夜兼程到延安;有的人来自国外;也有的人在路上负伤甚至牺牲。对党的忠诚,对延安的向往,使他们克服重重困难,最终会聚到宝塔山下。

七大代表证：一对伉俪革命之旅的印记

大会召开前，代表证被发放到每个人手里，代表们凭代表证才能进入会场。这是一种做工颇为精致的代表证：面料用丝绸做成，里料是硬纸板，比火柴盒略大，翻开后，右侧有代表的姓名和座位号。

大会于4月23日在新落成的杨家岭中央大礼堂召开，一直到6月11日结束，朱德风趣地说，这是我们党第一次在自己修建的房子里召开代表大会。6月10日，在大会结束的前一天晚上，全体代表观看了大型歌剧《白毛女》，会场气氛十分热烈。

中央大礼堂

当年9月中旬，也就是在七大结束三个月后，段焕竞夫妇接到通知，要求返回华中。两人带着已经4岁的段淮和在延安生下的小女儿，踏上了返程的道路。不幸的是，一家4口人走到冀鲁豫时，4岁的段淮突发高烧，因为没有条件医治而死在妈妈怀里……

此后的岁月里，这两张代表证一直被段焕竞夫妇珍藏着，直到1998年段焕竞去世后才被他的子女们发现。2007年，段焕竞将军的子女将"代表证"捐献给了茅山新四军纪念馆，如今已是国家一级革命文物。

自从有了党
——文物背后的家国故事

【延伸阅读】

段焕竞（1911—1998）

1911年出生于湖南省茶陵县，1930年参加游击队，1932年加入中国共产党。土地革命时期历任游击队排长、红军连长、营长等职，曾参与湘赣边区三年游击战。抗战期间历任新四军营长、团长、副旅长等职。解放战争时期曾参加淮海战役、渡江战役、上海战役等。新中国成立后历任军长、江苏军区副司令员、江苏省军区司令员、南京军区司令部副参谋长、南京军区副司令员等职。1955年被授予少将军衔。1998年因病在南京逝世。

在复杂斗争环境中,失联党员如何寻找党组织?
在中共高层巨变的危机关头,"一号机密"如何脱险?

司机证:掩护一段冒死寻党的历程

【文物影像】

中国共产党自成立时的50多名党员,发展到今天的世界第一大政党,其间经历了无数次坎坷和波折。特别在革命战争年代,党员和党组织时刻面临着生死存亡的考验。一场寡不敌众的战斗,一次突如其来的搜捕,都可能给党员和党组织带来灭顶之灾。失去组织的党员如同断线的风筝,有的人因此脱党,但更多的人坚定不移地寻找组织。

这张汽车司机证是天津地下党左振玉当年在上海使用过的,见证了一段失散党员寻找党组织的故事。

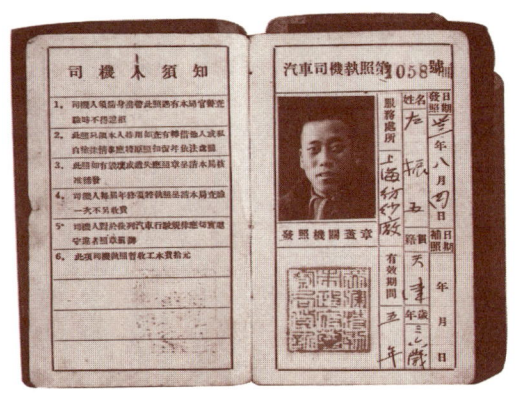

左振玉的司机证,天津博物馆馆藏(图片由该馆提供)

自从有了党
——文物背后的家国故事

【家国故事】

化身司机寻觅党组织

左振玉又名左振武，1909年出生于天津，1926年进入天津裕元纱厂，并在那里加入了中国共产党。裕元纱厂成立于1918年，是当时华北最大的纺织厂。1925年，上海爆发"五卅运动"，裕元纱厂工人与各界人士举行集会游行，声援上海工人。面对工人运动，资本家勾结军警进行武装镇压，引起工人大罢工，宝成、裕元、北洋等纱厂工人纷纷砸毁裕大纱厂厂房和机器设备，这就是当年闻名全国的"砸裕大"事件。

最后，反动军警暴力镇压了工人运动，抓捕了带头的工会领导。左振玉1926年进入裕元纱厂后挺身而出，成为裕元工会主要领导人。他多次发动工人运动，反动当局对其极度厌恶，并开始悬赏捉拿。为保护左振玉的安全，组织将其送往辽宁安东（今天的丹东）工作。风头过后，左振玉于1927年返回天津，继续秘密开展工人运动。

1929年，左振玉因叛徒出卖被捕，1930年出狱后到瑞典领事馆以司机身份做掩护，继续发动裕元三纺厂的罢工斗争。1937年7月，左振玉再次被捕，半年多后被释放。此时，左振玉的上级联络人已调离，他与党组织失去了联系。

1940年，左振玉来到上海，在上海纱厂担任一名普通司机，一边开车一边打探地下党组织的消息。1945年，他终于与中共北方局城市工作委员会李克简取得了联系，并于当年10月重新加入中国共产党，继续开展工人运动。

像左振玉这般幸运地遇到党组织的人其实不多，更多的人是经历了千辛万苦才找到组织的。

司机证：掩护一段冒死寻党的历程

漆鲁鱼乞讨千里寻党

漆鲁鱼早年曾赴日本学医，1929年加入中国共产党，此后一直从事革命活动。1932年受党组织派遣，在广东汕头筹建中央和中央苏区的秘密联络站"中法药房汕头分行"。1934年4月，他受党组织安排来到中央苏区，担任卫生部保健局局长。中央红军长征时，漆鲁鱼为照顾陈毅等伤病员留在了苏区。

在中央苏区的一次突围中，漆鲁鱼不幸被俘。审讯中，他冒充一名国民党军医。敌人将信将疑，便找来一名伤病员让其诊断，他熟练地诊断，并娴熟地用英文开出了药方。敌人也看不出任何破绽，只得于1935年5月将其释放。漆鲁鱼从此便与组织失去了联系，他暗下决心：就算是沿路讨饭，也要找到党组织。

漆鲁鱼从江西瑞金出发，经会昌、寻乌、定南等地，从盛夏走到初冬，一路风餐露宿、乞讨度日，徒步800余里来到广东兴宁，但未找到从前共事的老同志。他又沿路南下，经丰顺、揭阳、潮州等地行乞400多里来到汕头，希望在自己曾经工作过的秘密交通站与党取得联系，但该站已撤销，战友也不知去向。最后，他被汕头的救济机构当成上海难民送入货船，在船底熬了几天后抵达白色恐怖中的上海。

他找到了几处过去的联络点，但都已人去楼空。此时，身无分文的他只能以乞讨为生。1935年11月，漆鲁鱼被一名昔日的同学发现，在他的帮助下与早已脱党、现在一所大学任教的亲戚取得了联系。这位亲戚劝他登报脱离中共，就可以在上海找到一份好工作。漆鲁鱼失望至极，不辞而别，于年底辗转回到重庆江津老家，打算寻找当年入党时的关系人。没想到，江津的党组织

漆鲁鱼

自从有了党
——文物背后的家国故事

也在国民党的破坏下不复存在了。

1936年2月,漆鲁鱼来到重庆《新蜀报》工作,开始投入组织重庆救国会的工作。他在重庆的活动引起了中央特派员、共产党员张曙时的注意。1937年10月,张曙时派人到重庆对漆鲁鱼进行审查,最后恢复了他的党籍。经过千里辗转,漆鲁鱼终于重新回到党组织的怀抱。

漆鲁鱼寻找党组织虽然吃了不少苦,但过程还算顺利,有的人寻找党组织的过程就有些惨烈……

用生命守护中央文库

2021年6月10日,上海市静江区江宁路上,历时三年修缮的一处新式石库门建筑对外开放。这里就是中共中央秘书处旧址,它还有个别称:一号机密。

中央文库旧址

1926年7月后,中国共产党的第一座中央文库就设立在这里,它是中共中央办公厅和最早的中央档案馆所在地。保护中央文库是一项极其孤独

司机证：掩护一段冒死寻党的历程

的事业，按照中共中央的规定，库址一定要达到独立居住、独立活动的要求：只派一名领导干部与文库负责人进行单线联系，其他领导成员不得过问文库的工作；文库工作人员也不能参加支部大会、集会游行或其他活动，尽量减少与外界的接触，以免暴露身份；文库地址不能固定，每遇险情或更换负责人，都必须立即搬迁。

1931年4月，中共中央政治局候补委员顾顺章叛变；6月，中共中央政治局常委会主席向忠发叛变。二人的叛变使中共中央在上海的处境极度恶化，被迫通过秘密交通线转移到中央革命根据地。中央机关撤离上海时，留下了大批秘密档案文件，存放于中央文库。1932年，陈为人临危受命，成为中央文库负责人。

为了文库的安全，陈为人和其夫人韩慧英在上海租用了一栋宽敞漂亮的楼房，装饰成一户富裕的商人家庭。白天，他们装成有钱人悠闲自在的样子；晚上，便通宵达旦地整理档案文件。为了不暴露目标，平时由夫人外出与中央局秘书处联系传递文件。

1935年2月，中央局秘书处和八个秘密活动据点在一夜之间被敌人破坏，韩慧英前往中央局秘书处送文件时被敌人逮捕。顿时，陈为人与党组织失去联系，而且中央文库的安全也受到威胁。

陈为人迅速用高价租了另一栋楼房，第一时间将中央文库进行转移。为了交纳昂贵的房租，他不得不变卖个人财物，不到几个月，其个人物品便被变卖一空，生活处于极端困难状态。他晚上继续整理档案文件，白天外出奔走打听消息，寻找党组织。

由于缺少经费，他每天只吃两餐山芋，后来连山芋也吃不起，常常断炊挨饿。这种状况一直持续到1935年底，夫人韩慧英被营救出狱。

陈为人

自从有了党
——文物背后的家国故事

1936年下半年,他们终于找到了党组织。由于长期紧张艰苦的工作,加上长期挨饿,陈为人身体已十分虚弱。考虑到陈为人的身体状况,党组织将文库移交给了其他同志。

卸下重担后的陈为人感觉轻松了很多,但他的精力也已经耗尽,没多久便卧病,于1937年3月病逝。

【延伸阅读】

陈为人(1899—1937)

湖南江华人,原名蔚英。1918年考入湖南省立第三师范学校。1920年加入中国社会主义青年团,同年冬赴莫斯科东方劳动大学学习。1921年在莫斯科加入中国共产党,同年年底回国,任中共北方职工运动委员会书记。1922年以中共中央特派员身份到济南帮助建立中共山东区支部。1923年到东北开展建党建团工作。1924年底任中共北方区委组织部长兼工委书记。八七会议后,任中共满洲临时省委书记兼秘书长和宣传部长、省委书记。1929年到上海中共中央机关工作。1930年任《上海报》经理。1932年负责中共中央文库工作。1937年3月12日在上海病逝。

为什么有"舆论场是不见硝烟的战场"的说法?

陶迅绝笔：
重现解放战争中"不见硝烟的战场"

【文物影像】

这封家书上的字迹十分工整，七页纸计 3000 余字，却并无涂改之处，可见写作者用心之专一。这封家书写于 1949 年 4 月 17 日，作者是第三野战军第二十四军《火线报》战地记者陶迅。由于参加革命后长期在外，为了不让家人担心，他给父亲写了这封家书。在写完这封家书后，陶迅参加了渡江战役。不幸的是，他在激烈的战斗中牺牲。

陶迅家书，一级文物，渡江胜利纪念馆馆藏（图片由该馆提供）

自从有了党
——文物背后的家国故事

【家国故事】

牺牲在渡江战役中的新闻战士

"我党是有史以来的真正为人民服务的一个政党,是最公正无私的。他的革命目的是为了世界上人人有饭吃,人人有事做。参加共产党都是最优秀的人,至少他要打算不顾私人利益为大众服务,我过去在家中有饭吃,有书读,为什么要参加革命自找辛苦呢?就是因为我当时已看出共产党是人类最合理的一种党派,我是读书明理的人,如果共产党不好,我也不会冒了许多危险,吃了多少辛苦,参加革命事业。"

这是陶迅家书里的内容,他用真挚而朴素的语言向父亲讲述中国共产党的初心。他告诉父亲,共产党革命"是为了世界上人人有饭吃,人人有事做",参加共产党的人,"至少他要打算不顾私人利益为大众服务"。至于自己为什么要参加革命,他说"我过去在家中有饭吃,有书读,为什么要参加革命自找辛苦呢?就是因为我当时已看出共产党是人类最合理的一种党派"。

陶迅原名李鼎香,1925年4月出生于江苏南通。1942年进入南通中学,并在那里加入了进步青年组织——青年解放团。两年后,李鼎香加入了中国共产党。1945年,他被党组织安排到淮南解放区盱眙县新铺镇的华中建设大学新闻训练班学习,并改名为"陶迅"。"陶"是他深爱的病故生母之姓,"迅"是其崇拜的鲁迅之名。1946年,陶迅到华中野战军第六师政治部的新华社第24支社工作。渡江战役时,陶迅任解放军第三野战军第二十四军《火线

陶迅

报》战地记者。

当天深夜,陶迅所在新华社第24支社和火线报社的同志们,同乘一条渡船随部队第二梯队从北岸过长江。当船抵达目的地江南安徽铜陵附近渡口靠岸时,第一个跳上岸的通讯员踏响了敌人埋下的地雷,陶迅及许多同志被弹片炸伤,伤势最重的陶迅腹内大出血。

22日上午11时45分,陶迅为解放战争的胜利付出了年仅24岁的生命,遗体埋葬于刚刚解放的铜陵。新华社向全国发出电讯:人民的新闻工作者萧逸、陶迅、许金石等先后在前线或后方光荣殉职或负伤,各地同人无不悲痛,新华总社已分别电唁和慰问,并号召各地新闻工作者学习他们忠于职守的精神。

就在陶迅牺牲前两天,父亲李吉阶收到了儿子写的这封家书。三年不见儿子,家书抵万金,李父喜不自禁。没过多久,却听到新华社发出的新华社记者陶迅在渡江战役中牺牲的消息,又悲从天降!

渡江胜利纪念馆

不见硝烟的舆论战场

在解放战争中,除了有形的战场外,还有看不见硝烟的舆论战场。像陶迅这样的新闻工作者,都是舆论战场上英勇的战士。手中的笔,就是他们的枪。

1946年至1947年间,新华社先后发表了《蒋介石的末路》《蒋介石政府已处在全民的包围中》《蒋介石解散民盟》《旧中国在灭亡,新中国在前

自从有了党
——文物背后的家国故事

进》等文章，粉碎了国民党舆论所编造的"中共绝不可能在短期内获胜"的谣言，让民众清楚地了解了当时的局势，加速了民心转变。

在中共的宣传攻势下，国民党集团不得不采取高压舆论管制政策，国统区合法出版的《新华日报》《群众》等报刊相继被迫停刊。为了将解放战争的真实情况传播到广大国统区，共产党将控制下的媒体转入地下继续运行。例如被迫停刊的《群众》周刊在发行香港版渗入华南地区的同时，继续在上海秘密印刷发行；在香港发行的《华商报》通过改头换面的方式，依托"地下交通"将报纸夹带到广州给读者，并大量投寄到国民党军政机关。

同时，舆论战对瓦解敌军、促成国民党军起义投诚也发挥了重要作用。1947年9月5日起，陕北新华广播电台每天固定半小时对"蒋军"进行广播。时间不长，但内容极其丰富，包括最新的蒋军被俘人员名单、被俘军官给家属和友人的书信、被打死的蒋军军官尸体处理情况或通知其家属领尸、蒋军伤员的医疗情况、前方释放被俘人员情况、送往后方的被俘人员生活学习情况、对困守孤城的蒋军喊话等，可谓恩威并施。

这一栏目，竟然私下里受到蒋军欢迎，认为共军的广播消息最可靠，每次播报被俘军官时，他们戏称"又开始点将了"。大多数国民党官兵是被"抓壮丁"抓来的，很多人不愿意为蒋介石卖命打仗，听到解放军宽大的俘虏政策，他们作战意志和"成仁"决心均被瓦解。一旦解放军发动进攻，战场上就出现了国民党官兵大面积弃守和投降的现象。

渡江战役中，媒体舆论战的作用更被有效利用。4月21日深夜战役打响，4月22日凌晨2时，毛泽东就为新华社写下了《我三十万大军胜利南渡长江》的消息。当晚22时，毛泽东又写就《人民解放军百万大军横渡长江》一文，以凝练生动的笔触报道解放军渡江作战的情况。

与此同时，新华社总社和第二、第三野战军总分社也发出若干报道提示，集中精干力量报道渡江作战情况、解放军的英雄事迹、船工和民众的有力支援等。许多像陶迅这样的前线记者随部队突击船行动，各兵团分社和各军支社也都采写了渡江作战战报和大量反映大军渡江情景的稿件。

1956

党的足迹

党的八大

  1956年9月15日至27日,中国共产党第八次全国代表大会在北京举行。毛泽东致开幕词,刘少奇作政治报告,周恩来作关于发展国民经济的第二个五年计划的建议的报告,邓小平作关于修改党章的报告。大会宣布:国内的主要矛盾,已经是人民对于建立先进的工业国的要求同落后的农业国的现实之间的矛盾,已经是人民对经济文化迅速发展的需要同当前经济文化不能满足人民需要的状况之间的矛盾。党和人民当前的主要任务,就是要集中力量解决这个矛盾,把我国尽快地从落后的农业国变为先进的工业国。

——《中国共产党简史》

我国的第一辆汽车是如何制造出来的?

研究成果至关重要,郭永怀为何要烧掉?

红旗渠为什么被称为"水利奇迹"?

我国的第一辆汽车是如何制造出来的？

解放牌汽车：为新中国工业化开路

【文物影像】

1956年7月13日，一辆墨绿色的重型载重汽车缓缓驶出长春第一汽车制造厂的装配车间，车头上硕大的"解放"二字极为醒目。这就是我国自行生产的第一批国产汽车，它结束了中国不能自己生产汽车的历史。

半个多世纪后，我们在博物馆见到了这辆承载着一代中国人现代化梦想的汽车。与现代农业机械相比，它虽然显得有些老旧，但高大的车体依然气势雄浑，似乎还能继续驰骋在这片希望的田野上……

解放牌汽车，北京汽车博物馆馆藏

自从有了党
——文物背后的家国故事

【家国故事】

全国人民支援"一汽"造车

新中国成立伊始,百废待兴,工业基础尤其薄弱。对此,毛泽东曾有一段令人印象深刻的描述:"现在我们能造什么?能造桌子椅子,能造茶碗茶壶,能种粮食,还能磨成面粉,还能造纸,但是,一辆汽车、一架飞机、一辆坦克、一辆拖拉机都不能造。"[1]

这段话表达了新中国全体人民的心声,实现国家的工业化是当务之急。从1951年开始,我国开始着手编制第一个五年计划,决定在工业领域集中主要力量建设苏联帮助中国设计的156个项目,全国城乡迅速形成参加和支援国家工业化建设的热烈氛围。

那是一个激情燃烧的年代,对工业化的无限憧憬,激发出人们从未有过的劳动热情。"每一秒钟都为创造社会主义社会而劳动",这种充满时代精神的号召,生动反映了工业化目标带来的十足干劲。

我国的第一辆汽车,就是在这样的建设热潮中诞生的。1953年7月15日,在长春市西南郊侵华日军留下的细菌工厂废墟上,一座代号为652的工厂正式开工。这就是长春第一汽车制造厂。这项工程得到了全国上下的大力支援:中央有关部门从全国20多个省市调集几千名干部支援建设;建筑工程部将该部主力整个调往长春;铁道部对工厂所需物资优先运输……;在地方上,许多工厂动员最好的技术工人参与试制、生产,把一汽的任务作为"专案","紧急"处理。

苏联对一汽的建设也大力支持,在厂址选择、工厂的规划和施工、设备和部件的供应、汽车生产技术方面给了全方位的援助,先后有近200名

---

[1] 《毛泽东选集》第五卷,人民出版社1977年版,第130页。

解放牌汽车：为新中国工业化开路

苏联专家到一汽工作，为一汽的建设和生产发挥了重要作用。苏联专家从中国的实际需求出发，主张选择苏联的吉斯 150 型汽车作为中国国产汽车的原型。虽然吉斯 150 型在性能、加速、功率方面并不突出，但是它结构简单、坚固耐用、故障率低、维修简单，适合汽车工业刚起步的中国，也符合当时的中国道路实际情况。

在全国人民和苏联专家的支援下，一汽仅用三年时间就建成了新中国第一个汽车工业基地。1956 年 7 月 14 日，新装配出的第一批 12 辆解放牌汽车在雷鸣般的掌声中徐徐驶出装配线，这标志着第一汽车制造厂的三年建厂目标如期达到。

首批解放牌载重汽车下线

当时的党和国家领导人对我国第一辆汽车的研制十分重视，在研发工作的后期，毛泽东亲自给汽车定名为"解放"。解放牌汽车的问世，改变了中国城乡交通和公路运输的落后面貌，成为城乡交通和公路运输的主力军。

中国现代化大农业的一面旗帜

正当长春第一汽车厂建设得如火如荼的时候，位于黑龙江北部集贤县

自从有了党
——文物背后的家国故事

的三道岗也迎来了一群建设者。1954年,在新中国成立五周年之际,苏联政府提出帮助中国建设大型谷物农场。和长春一汽一样,该项目也是中国"一五"计划期间苏联援助中国的重点建设项目,毛泽东同样对它充满期望:"这个国营谷物农场不仅在推动中国的农业社会主义改造方面会起重要的示范作用,而且也会帮助中国训练农业生产方面的技术人才和学习苏联开垦荒地的宝贵经验。"①

为了纪念中苏两国的伟大友谊,这处农场被命名为"国营友谊农场"。

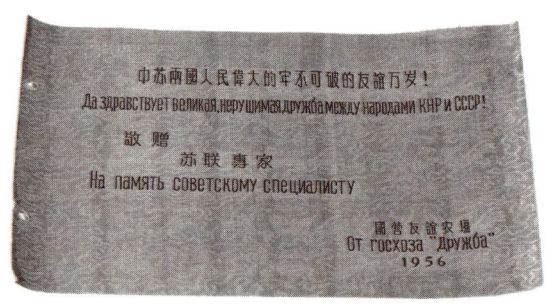

友谊农场纪念册

建设友谊农场,是年轻的共和国气壮山河的大会战。组织部门从黑龙江、河北、河南、山东等地抽调了一批领导干部,配备至农场各级领导岗位。一批在烽火年代经受过革命战争考验的军人,又在这里开始了新征程。苏联专家团队也过来了,他们将紧锣密鼓地为农场培训出2000余名农业技术和机务人员。和他们一起过来的,还有2000余台(件)农业机具。

开荒是艰辛的。12支开荒队,采取"两班倒"昼夜作业,每个班次队员工作时间长达12个小时以上,有的拖拉机手累得在方向盘上睡着了。当时的《人民日报》记者记录下了这样的开荒场景:"到达五分场第十生产队已经是黄昏,作业站由绿皮宿营车、帐篷、草房组成,四周原野望不到

---

① 毛泽东:《给苏联政府代表团的感谢信》,原载《人民日报》,1954年10月13日。

解放牌汽车：为新中国工业化开路

边际，几天前这里烧过荒，野草灰烬给荒原铺上深灰色的炭，新犁起的处女地，正散发着湿润、诱人的泥土味……"

1955年6月18日，友谊农场完成预定开荒任务。建场第一年，农场开荒2.34万公顷，超额完成指标，当年实现播种3400余公顷，收获粮食360多万公斤。总场、分场、生产队的办公场所，以及农机修理厂、谷物加工厂、仓库、发电站、职工宿舍等都建起来了。凭着建设祖国的热情，来自天南地北的建设者们将北大荒建成了北大仓。

第一批解放牌汽车出厂后，被第一时间分配到这里，参与轰轰烈烈的社会主义建设事业，成为中国农业现代化的最早国产机械"功臣"。

如今，解放牌汽车已经发展到了第七代。半个多世纪以来，长春第一汽车制造厂为国家生产了大批汽车，为中国汽车工业的发展积累了宝贵的经验，培养了大批人才。2021年12月14日，"一汽"解放J7整车智能工厂正式落成投产。当天，该工厂生产的首辆量产J7重卡下线。据技术人员介绍，一汽解放J7整车智能装配线将采用国际领先的先进制造及检测技术，将汽车制造与5G、工业互联网、大数据、云计算等新技术充分融合，具有工艺可增、产能可调、布局可变、质量可控等优势。[1]

在现代农业技术的武装下，国营友谊农场也飞速发展，2010年被农业部授予全国粮食生产先进标兵场，第五管理区第二作业站被国家确定为精准农业示范基地。友谊农场以其规模化、精准化、效益化成为中国现代化大农业的一面旗帜。

---

[1] 《潇湘晨报》转长春新闻，https://baijiahao.baidu.com/s?id=1704644900858691962&wfr=spider&for=pc。

研究成果至关重要,郭永怀为何要烧掉?

郭永怀家书:留下"两弹一星"功勋的遗憾

【文物影像】

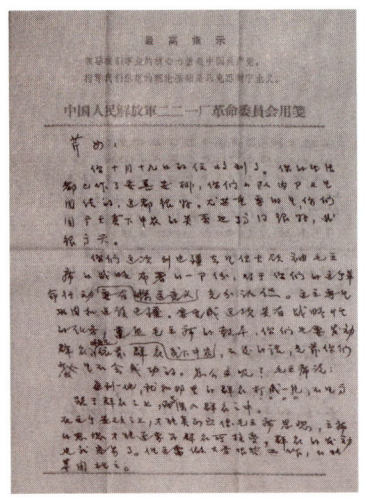 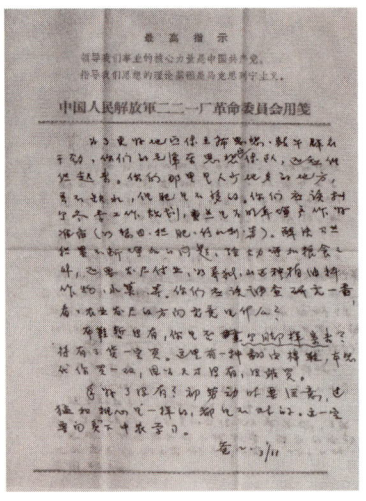

郭永怀家书,山东荣成博物馆馆藏(图片由该馆提供)

这是郭永怀1968年11月3日写给女儿郭芹的一封信。郭永怀是我国著名力学家、应用数学家,我国近代力学事业奠基人之一,唯一以烈士身份被追授"两弹一星"功勋奖章的科学家。当时,年仅17岁的女儿郭芹正在内蒙古农区插队。郭永怀在信中叮嘱她要发扬艰苦奋斗、无私奉献的精神,主动深入群众,"特别是依靠贫下中农群众"。他还承诺要给女儿买一双鞋子寄过去,但一个月后,郭永怀因飞机失事而牺牲,他再也无法兑现买鞋的承诺,也留下了永远的遗憾。

【家国故事】

焚稿赴国

"你们这次到边疆去是伟大领袖毛主席的战略部署的一部分,对于你们这个革命行动的深远意义要有充分认识。这主要是巩固和建设边疆。要完成这次具有战略性的任务,遵照毛主席的教导,你们也要发动群众,特别是依靠贫下中农群众。"

郭永怀叮嘱女儿要依靠群众,只有时刻把群众的利益放在首位,才能鼓舞起群众的干劲,实现巩固和建设边疆的目的。事实上,郭永怀用自己为人民服务的实际行动给女儿做了榜样。作为高科技顶尖人才,他本可以在美国过上衣食无忧的生活,但在新中国成立后,他毅然回到祖国,投身国防科技事业。

1955年6月,远在美国的钱学森给时任全国人大常委会副委员长陈叔通写信,诉说自己和其他留美学子有国难归的困境,请求中国政府给予帮助。他在信中说:"除去学森外,尚有多少同胞,欲归不得者。从学森所知者,即有郭永怀一家,其他尚不知道确实姓名。"

钱学森在信中提到的郭永怀,在大洋彼岸也是归心似箭,正积极谋划着归国的计划。

郭永怀1909年出生于山东荣成,1933年进入北大物理系,1939年考取庚款留学生,进入加拿大多伦多大学。1941年,郭永怀赴美国加州理工大学继续深造,师从航空大师冯·卡门。1946年,郭永怀到康奈尔大学与

自从有了党
——文物背后的家国故事

希尔斯教授等科学家共同创办了航空工程研究生院,成为康奈尔大学航空系的五位创始人之一,并在那里工作了十年。

新中国成立后,许多海外学子产生了强烈的归国念头,但美国当时执行的反共政策使他们有家难回。当时已经是美国知名科学家的钱学森,竟被美国政府以"企图运输秘密科学文件"的罪名关押14天,此后被软禁长达五年,最后在他的导师冯·卡门和郭永怀等科学家的出资营救下才被保释。

1955年8月,钱学森终于收到了美国移民局允许他回国的通知。同年9月17日,他带着妻子蒋英和一双年幼的儿女,登上"克利夫兰总统号"轮船,踏上返回祖国的旅途。临行时,郭永怀与他相约一年后在祖国相会。

从那时起,郭永怀便开始了回国前的准备工作。在一次希尔斯教授举办的野餐会上,趁着野餐炉子里的炭火未尽,郭永怀怀着复杂的心情,亲自一页一页烧掉了自己的研究手稿。后来,郭永怀的妻子李佩才明白丈夫当时的良苦用心:"按照美国法律规定,如果将尚未出版的科学手稿带出国境,就会受到法律的制裁。"

也有一些人劝郭永怀不要回大陆。李佩回忆道:当时有一个从台湾"教育部"来的人专程登门拜访,劝说郭永怀即使不到台湾,也不要离开美国到大陆去。有的教授劝他在中国国内政治情况有大的改变时不要回去。但这些建议都被郭永怀婉拒了。

1956年9月底,郭永怀一家带着友人的祝福踏上了归国的旅途。当时与郭家同船归国的还有核物理学家张文裕和王承书一家人。临行前,一群穿制服

回国途中的钱学森一家

郭永怀家书：留下"两弹一星"功勋的遗憾

的美国人上了船，对他们的行李进行搜查，还拿走了不少东西，轮船因此延迟起航近两个小时。但他们早已做好了准备，李佩对丈夫当日焚烧手稿之举暗自庆幸不已。

舍命报国

"布鞋暂没有，你是否画个脚样寄来？待有了货一定买。这里有一种翻皮棉鞋，本想代你买一双，因为尺寸没有，没敢买。

"手好了没有？初劳动时要注意，过猛和粗心是一样的，都是不对的。这一定要向贫下中农学习。"

这是郭永怀在信中对女儿的承诺，没有名贵的服饰和精致的美食，只是答应给她买一双"翻皮棉鞋"。他关切地问女儿"手好了没有"，叮嘱她不要粗心，要向贫下中农学习劳动技巧。父亲对女儿的心疼和关爱，显露于字里行间。

归国后，郭永怀的生活是非常简朴而忙碌的，他把全部的精力都投到新中国的国防科技建设中去了。朱光亚先生后来在接受北京电视台《世纪之约》栏目采访时评论郭永怀："在工作中，他从不计较个人得失，不图名利，不以名教授、名专家自居。"

回国不久，郭永怀马上就和钱学森、钱伟长等人一起投身于刚组建的中国科学院力学研究所的工作，出任研究所常务副所长。他肩负的任务是十分繁重的，从国外带回来的大批唱片，也仅仅在周六下午

昔日幸福的三口之家

自从有了党
——文物背后的家国故事

休息时偶尔听过两次,以后就再也没有时间欣赏了。

1960年是中国核武器研究最艰难的一年,那一年,苏联撤走了在华核工业系统的全部专家。在此困境下,中央决定走自力更生的道路,从全国抽调了一支由105名专家学者组成的特殊队伍攻关。郭永怀,这位驰名世界的力学家,理所当然地加入了这支队伍,与实验物理学家王淦昌、理论物理学家彭桓武成了核武器研究最初的三大支柱。

1963年,党中央决定将北京的专业科研队伍迁往在青海新建的核武器研制基地。作为原子弹场外试验委员会主任委员的郭永怀,将自己的办公场所搬到了零下25摄氏度的大戈壁上,与年轻的科研人员一起为原子弹的研制辛勤地工作。

位于青海省海拔3800多米的戈壁试验场,自然环境十分恶劣,在这里工作的科研人员时刻经受着高原缺氧而导致的头晕、胸闷、心悸、厌食等身体不适。当时已有50多岁的郭永怀克服了常人难以想象的困难,一直在试验场坚持工作,实在支撑不下去了,才会钻进帐篷,在一张小铁床上恢复一下体力。有好几次,他都差点儿晕倒。

即便这样,作为妻子的李佩,也只是偶尔才听到丈夫说,在西北的生活挺艰苦的,有时挺想坐下来烧杯热茶喝。于是,李佩给他准备了一只小电炉和一口小锅带到西北。至于他们在西北从事什么工作,郭永怀是从来不给妻子说的。李佩知道这是出于保密的考虑,也没有多问。

1964年10月16日下午3时,在西北高原浩瀚的沙漠,中国第一颗原子弹成功炸响了!当蘑菇云扶摇升腾时,人们无不欢呼雀跃。这一刻,郭永怀却因过度疲惫而瘫软在地。

三年后,中国第一颗氢弹爆炸成功,采用降落伞使氢弹缓慢降落到一定高度引爆的方式,正是郭永怀带领科研人员反复试验后的决定。

1968年12月4日,在青海基地连续待了两个多月的郭永怀,在实验中发现了一条重要线索,急着赶回北京。在兰州换乘飞机的间隙里,他还

郭永怀家书：留下"两弹一星"功勋的遗憾

认真地听取了课题组人员的情况汇报。夜幕降临时，郭永怀拖着疲惫的身体登上了飞往北京的飞机。第二天凌晨，飞机在首都机场降落时，在400多米高的空中突然失去平衡，偏离降落跑道，向机场外的一片玉米地里栽了下去，坠机现场腾起一片火光……

在搜救现场，人们发现了两具紧紧抱在一起的烧焦的遗体，那是郭永怀和他的警卫员牟方东。当人们费力地将他俩分开时，才发现郭永怀那只装有绝密资料的公文包安然无损地夹在他们胸前……

郭永怀的好友、中国航天事业奠基人钱学森提到郭永怀时称赞道："作为我们国家的一个科学技术工作者，作为一个共产党员，活着的目的就是为人民服务，而人民的感谢就是一生最好的评价。"[1]

---

[1] 钱学森：《怀念挚友郭永怀》，《神州学人》1987年第1期。

红旗渠为什么被称为"水利奇迹"?

吴祖太的煤油灯:永远照亮红旗渠

【文物影像】

吴祖太用过的玻璃煤油灯,二级文物,林州市博物馆馆藏(图片由该馆提供)

据说,1970年,周恩来总理在接见外宾时,非常自豪地介绍说:当代中国有两大奇迹,一个是南京长江大桥,另一个是林县的红旗渠。奇迹是无数人在夜以继日的奋斗中实现的,林县人民用了十年时间,硬是用双手在太行山的悬崖峭壁上凿出了一张水网,将山西境内的漳河水引入林县,从此改变了林县缺水的历史。

50多年过去了,当年的建设者大多已经老去,昔日他们曾经使用过的

吴祖太的煤油灯：永远照亮红旗渠

工具也被博物馆收藏。这盏玻璃煤油灯是红旗渠技术员吴祖太当年使用过的。1960年3月，他牺牲于山西王家庄红旗渠工地隧洞内，是为开凿红旗渠献出生命的第一人。

【家国故事】

三个月绘出首张蓝图

红旗渠绝对不是一个仅依靠蛮力就能完成的工程，它能成为奇迹，除了巨大的工程量，更在于工程难度。全长70多公里的红旗渠总干渠，渠底纵坡只有8000∶1，即要求每8000米总干渠垂直落差只能为1米，不能多也不能少。也就是说，渠道每前进8公里，落差仅下降1米。在悬崖峭壁上凿出一条几乎没有落差的渠道，这是何等的精准，就是用现代的测量技术和施工工具，也是极难做到的。

但红旗渠做到了，它依靠的是一种科学态度，一种工匠精神。同时，也离不开一群优秀的工程技术人员的努力，吴祖太就是他们中的代表。1959年，时任林县县委书记杨贵把"引漳入林"的工程设计重任交给了林县水利局年轻的水利工作者吴祖太。那年，他才26岁，已经在林县主持设计了南谷洞水库大坝、人民英雄渠等重点水利工程。

为了尽快完成设计任务，吴祖太几次推迟婚期。他废寝忘食地研究、精心设计，先后解决了渠首拦河坝、青年洞、空心坝等设计难题。他翻山越岭、实地勘探，仅用3个月就拿出了《林县引漳入林灌溉工程初步设计书》。

吴祖太

自从有了党
——文物背后的家国故事

这份设计书是吴祖太心血的结晶,其中包含了许多充满匠心的创造,红旗渠著名的空心坝就是一处设计典范。当红旗渠干渠穿越崖谷沟壑,到达白家庄村西时,一条浊漳河挡住了它的去路。300多米宽的河流横在总干渠前面,且总干渠与河流呈十字形交叉,该如何闯过这个难关?

在设计蓝图时,吴祖太多次到白家庄村实地勘查,掌握河道地质基础和水文资料。按照传统的做法,这种情况一般会建一座渡槽,但吴祖太通过勘查发现这里的渠线比较低,并不适合建渡槽。他翻山越岭拜访附近的村民,最后在村民的帮助下找到一处河滩,此处河道狭窄,上游水流缓慢,下游河床陡直,比较适合建坝。

于是,空心坝的方案在吴祖太的心中形成了:坝体呈弓形,坝腹设计双孔涵洞,坝下设消力池。这种设计相当于用石头砌成了一个立交桥,让河水从坝上流,总干渠的水从坝心通过。这样一来,河水和渠水互不干扰。1975年8月,860立方米/秒的大型洪峰通过空心坝,大坝安然无恙,经受住了洪水的考验。

遗憾的是,吴祖太未能看到他构思设计的工程最后完工。

英雄血洒太行

红旗渠工程动工后,吴祖太担任总指挥部工程股副股长。1960年3月,工程修到王家庄村,需要从村子下方打隧洞通过。问题是,王家庄村附近因泥石流发生过山体滑坡,如再在村下凿洞修渠,村民们担心村庄再次发生泥石流和滑坡等灾害。吴祖太早就考虑到了这个问题,他将传统的单孔"口子洞"改成了双孔"鼻子洞",缩小了隧洞跨度和断面,确保了隧洞的坚固和村庄的安全。另外,吴祖太还在王家庄村西的渠道设计了泄水闸,遇到紧急情况,可以将渠水迅速排进漳河。

施工过程中,为了确保工程质量,吴祖太经常进洞检查。1960年3月

吴祖太的煤油灯：永远照亮红旗渠

29日傍晚，有民工反映隧道洞壁上有裂痕。吴祖太立刻撂下碗筷，要去检查隧洞。有人劝阻他："天太黑了，明天再去吧。"但吴祖太不放心，坚持要去。卫生院的李茂德不放心他一个人去，就跟着一起进入施工中的隧洞检查。

当时正是放炮时间，炮声一响，洞顶被震塌，从洞内往外走的吴祖太和李茂德被坍塌的土石块埋在了下面。民工们立即展开救援，但已经来不及了。牺牲时，吴祖太27岁，李茂德46岁。

杨贵在他的回忆录《红旗渠建设的回顾》里说："年轻的工程技术人员吴祖太，是当初红旗渠工地少得可怜的科班出身的工程技术人员。1958年修南谷洞水库，负责设计，不知疲倦，解决了很多工程技术难题。小伙子长得很英俊，高个子，在工程技术上是挑大梁的，因当时饥饿，他去外边跑测量，中午吃饭，一两白面的小包子吃27个，我对他的印象最深。"

水利局干部刘合锁是吴祖太生前的好友。吴祖太牺牲后，组织上委派他和另一位同事负责把烈士的遗体送回原阳县老家。一路上，刘合锁心情十分沉痛。吴祖太是家里的独生子，1958年，他在公安部门工作的姐夫因公殉职；1959年，吴祖太的新婚妻子去世；现在，吴祖太又牺牲在红旗渠上。短短三年时间，三位至亲相继离去。

为了宽慰老人，刘合锁认吴祖太的父母为干爹干娘。在后来的日子里，他每年都要到原阳几趟，不仅给老人送去林县政府的抚恤金，还有一些林县的特产，一直到两位老人离世。

1969年7月，红旗渠工程全线竣工。半个多世纪过去了，红旗渠水沿着吴祖太设计的蓝图，缓缓地流淌进林县的土地，福泽着这里的人们。当年，他绘制蓝图时使用过的那盏旧煤油灯被林县博物馆珍藏。这位英雄的名字，也永远刻在了林县人民的心里。

自从有了党
——文物背后的家国故事

【延伸阅读】

杨贵（1928—2018）

曾用名杨绍青，1928年5月出生于河南省汲县。1943年10月加入中国共产党。1954年4月起先后任河南省林县县委第二书记、第一书记，新乡地委委员兼林县县委书记，安阳地委副书记等，是红旗渠工程的主要决策指挥者。1969年11月起先后任河南省洛阳地委常委、地区革委会副主任，洛阳地委副书记等。1973年11月任公安部党的核心小组成员，同时兼任河南省委常委、安阳地委书记、林县县委第一书记。1979年6月调任五机部渤海农场副场长。1982年后任国务院"三西"地区农业建设领导小组办公室副主任。1995年6月离休。2018年4月10日在北京病逝。

1969

党的足迹

党的九大

1969年,中国共产党第九次全国代表大会在北京举行。1969年以后,随着国内局势稍趋安定,主持政府工作的周恩来等领导人抓住时机,着手恢复各主要工业部门和其他综合经济部门的工作,加强了对经济的计划管理。

——《中国共产党简史》

被批斗过的王进喜,为何能够在中共九大时当选为中央委员?

珍宝岛自卫反击战中,我军为何能以弱势胜战?
为什么说在珍宝岛一战中战士们的血没有白流?

被批斗过的王进喜,为何能够在中共九大时当选为中央委员?

九大出席证:再现石油工人坐上主席台

【文物影像】

1969年4月,中国共产党第九次全国代表大会在北京召开,铁人王进喜作为大庆的代表参加了这次大会。这份出席证,就是王进喜当年使用过的,如今已经成为珍贵文物,是那段光荣岁月的见证。

王进喜九大出席证,大庆铁人王进喜纪念馆馆藏(图片由该馆提供)

【家国故事】

铁人的本色

王进喜能够成功当选九大代表,离不开中央对他的支持和信任。在选举代表时,有人对王进喜的身份有顾虑,因为王进喜在1967年3月被造反派批斗过,最后还是在周恩来的关心下才被"解放"出来。在当时的环境下,人们对被批斗过的所谓"牛鬼蛇神"还是带有歧视的。但中央经过

自从有了党
——文物背后的家国故事

对王进喜的考察,认为他完全可以作为九大代表。周恩来总理指示:"铁人王进喜是中国工人阶级的优秀代表,代表了中华民族的精神,要学习铁人,宣传铁人,要让铁人精神成为时代精神。"

最后,王进喜不仅当选九大代表,还被列为大会主席团成员。主席团根据姓氏笔画安排座位,他坐到了主席团普通成员的第一排。开幕式那天,饱受政治磨难的王进喜坐在主席台上,感觉像从地狱进了天堂。他深情地说:"这一切,并非我自己有多大的功劳,而是说明党和毛主席、周总理对大庆的关心,对大庆工人阶级的爱护。"

进入选举阶段,一件更令王进喜意想不到的事情发生了。酝酿中央委员候选人名单时,王进喜发现自己进了"大名单"。他吓了一跳,向代表团负责人提出,自己文化水平和理论水平都太低,做不了中央委员。对方答复说,工人代表进候选人名单,体现了党对工人阶级的关心和信任,是毛主席的战略部署。况且,这只是提名,还有预选和正式选举几道程序呢。

大会选举时,王进喜在预选票上还是看到了自己的名字。当他投完票返回自己的座位时,刚好从毛主席座位前面经过。周总理忽然起身把他拦住,介绍给毛主席说:"这位就是大庆的铁人王进喜。"毛主席很高兴,也站起来伸出手笑着说:"王进喜我知道,是工人阶级的代表。"王进喜赶忙伸出自己的双手,紧紧握住毛主席那温暖的大手。毛主席又风趣地说:"你长得很结实,真像个铁人。"

这动人的一幕被旁边的一位摄影记者拍下,留下了王进喜与毛主席的珍贵合影。

选举结果出来了,王进喜当选中央委员。回到油田后,他没有以中央委员自居,依然和往常一样,亲历躬行,认真传达会议精神。当时,作为领导干部的王进喜已经有了自己的办公室和电话。但他没有坐办公室的习惯,人们还是经常看到他身背干粮、骑着摩托车在各井场调查研究、检查工作。

九大出席证：再现石油工人坐上主席台

当他看到油田荒原上有失散和丢弃的物资时，感到十分心疼。1969年7月，他带领30多名工人成立了回收队，专门回收荒原上的有用物资。为了节省开支，王进喜要求回收队用旧房子上的砖瓦来盖办公场所。有人说："老铁，你是中央委员了，写张条子，什么都有了。"他说："回收队是干啥的？专门搞回收的，回收先从建家开始。"又有人说："你是中央委员，年纪又大，别操这份心，让别人干去吧！"他说："我跑的地方多，只有我知道哪里货最多。"

经过一个多月的努力，回收队用回收的木料和砖瓦盖起了3栋住房和6个大车库。后来，这些房子和他们回收的物资都在油田派上了大用场。回收队精神，也成为大庆精神的重要内涵。

当了中央委员的王进喜，依然没有失掉铁人的本色。铁人本色源于对党和国家的热爱，对事业的忠诚，是在长期艰苦奋斗过程中锤炼出来的。

一个时代的象征

1923年10月8日，王进喜出生于甘肃省玉门市赤金堡一个贫困农民家庭。1929年，玉门遭遇百年不遇的灾荒，本来就穷的王进喜一家揭不开锅了。为了活命，6岁的王进喜拿起讨饭棍当起了"讨饭娃"，领着双目失明的父亲沿街乞讨。1937年，为了躲避军阀马步芳的兵役，他跑到深山中淘金，后来又到荒野去挖油。1938年，玉门油矿招工，15岁的王进喜为了养家糊口在玉门油矿干起了苦力。这种悲惨的生活一直到1949年9月玉门解放，王进喜一家才迎来新生。1950年春，他通过考试进入玉门油田，成为新中国第一代石油工人。所以，他后来经常说，要不是共产党，他早就饿死在西北的荒原上了。

在玉门油田，王进喜感受到了新旧社会的巨大差异，使他打心眼儿里热爱共产党，热爱新中国。以前吃尽了苦头的王进喜十分珍惜现在的生活，

自从有了党
——文物背后的家国故事

他不仅拼命干自己分内的活儿,各种杂活也抢着干,很快在油田上赢得了吃苦耐劳的好口碑。1956年4月,王进喜光荣地加入了中国共产党。王进喜在他的入党志愿书里说:

"我感到过去受苦受打受骂,每月拿的工资还买不上一斗麦子,解放后拿的工资能养活几口人。父亲死了,上级马上派车把我送回家,还给我钱安葬父亲,家属有病还给叫医生到家去治病。这样对我的教育最大,感到只有党才能解放受苦的人,只有共产党才能使农民、工人过上幸福的生活……因而,我为了给人民给祖国贡献出更大力量,所以要求加入中国共产党。"

那时候王进喜还不会写字,这份入党志愿书是他请人整理代写的。朴素的语言,表达了他诚恳而真挚的感情。

1960年3月,王进喜和工友们被石油部抽调到新发现的大庆油田。下火车后,他们发现脚下是一片荒原,没有路,没有粮食,北风呼啸,滴水成冰。生活条件差都是小事,连吊车、拖拉机等设备也严重不足。钻井设备在火车上,没有吊车下不来。有人问:没有条件,怎么上马?王进喜说了一句非常著名的话:有条件要上,没有条件创造条件也要上!他们硬是用人拉肩扛的方式,将60多吨重的钻机一寸一寸地挪到了井场。仅用四天时间,就把40米高的井架矗立在了茫茫荒原上。

由于长期的劳累,王进喜的健康状况也出了问题。1970年春节,查出胃癌晚期的他被送往北京接受手术。周恩来十分关心王进喜的病情,指示有关部门集中专家为他治疗。手术后住院治疗期间,王进喜关心的仍然是大庆的生产和职工的生活。1970年11月15日,由于病情恶化,为祖国的石油事业殚精竭虑的王进喜与世长辞,年仅47岁。

王进喜走了,但他留下的"铁人精神"却永远铭刻在我国社会主义建设的丰碑上,成为一个朝气蓬勃时代的象征。

珍宝岛自卫反击战中,我军为何能以弱胜强?
为什么说在珍宝岛一战中战士们的血没有白流?

小小树杈:写满战士们的铮铮誓言

【文物影像】

  这组再普通不过的枯树枝,凑近看,你会发现上面竟写着铮铮誓言。它们的作者是珍宝岛自卫反击战中守卫边疆的边防战士,因为当时战斗条件紧张艰苦,战士们将誓言写在了前线的树枝上。"最新指示化灵魂,紧跟毛主席向前进""革命不怕死,怕死不革命。想到毛主席,生死全不顾"……这些简单质朴的语言,体现了战士们对党中央毛主席的朴素感情,以及他们誓死守卫边疆的信念。

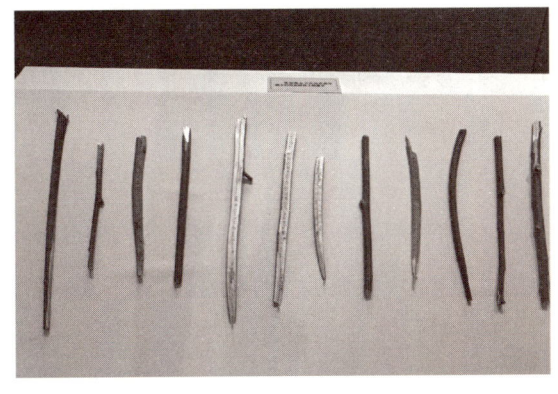

写有誓言的枯树枝,中国人民革命军事博物馆馆藏

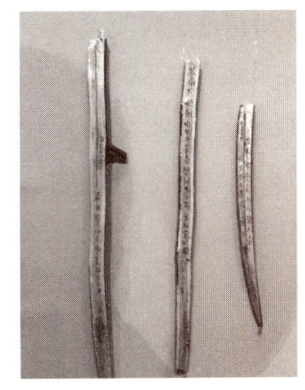

放大图

自从有了党
——文物背后的家国故事

【家国故事】

珍宝岛破除了迷信

珍宝岛位于乌苏里江主航道中心线中方一侧，根据国际法准则，它属于中国，并一直处于中国黑龙江省虎林县管辖之下。然而，从60年代中期开始，苏联边防军阻拦中国边民进入珍宝岛，并频繁制造边界纠纷。

1969年3月15日凌晨，苏联边防军30余人在6辆装甲车的掩护下从北端侵入珍宝岛，与中国边防部队在岛上对峙。经过9个小时的激战，我军顶住了苏军的六次炮火袭击和三次进攻。一辆被炸断履带的T62坦克被滞留在中国江汊的冰面上。为夺回坦克，苏军曾发起数次行动，但均以失败告终。最后，苏军炸裂了冰面，将坦克沉入江底。没过多久，坦克被我方打捞出来，运送到北京的军事博物馆公开展出。

在这场自卫反击战中，前方的战士们不畏严寒、英勇作战，多次击退入侵的强敌，捍卫了祖国领土完整。在当时零下40多摄氏度的极寒下，边防军战士们没有特殊的御寒设备，仅靠烧酒驱寒，硬是冒着被冻死的风险坚持到底。最终，战斗一打响，我方就取得了战场主动，将对方打得措手不及。

毛泽东后来评价说，我们一没用飞机，二没用坦克、装甲车，三没用指挥车，打了9个小时，敌人三次冲锋，都被我们打垮。我们不是不要飞机、坦克、装甲车，但主要靠勇敢。要破除迷信，这次珍宝岛就破除了迷信。①

---

① 《毛泽东在九大全体会议上的讲话》，1969年4月14日；《毛泽东在九届一中全会上的讲话》，1969年4月28日。

小小树杈：写满战士们的铮铮誓言

英雄们的血没有白流

1969年4月1日至24日，中国共产党第九次全国代表大会在北京召开。根据毛泽东的提议，珍宝岛自卫反击战代表赴京参加九大。于是，刚刚参加完战斗的边防站站长孙玉国成为一名九大代表。

孙玉国从解放军最基层、最偏远的乌苏里江畔的边防站，走进了万众瞩目的人民大会堂。当他登上人民大会堂的讲台时，腿有些发颤，心跳加快。他做梦都想不到，能够在人民大会堂和毛主席握手。当他在大会上汇报战斗经过、讲到打退了苏军的进攻时，毛泽东情不自禁站起来鼓掌，随后全场爆发出雷鸣般的掌声。

1969年9月20日，中央军委发布命令，授予孙玉国等10位同志"战斗英雄"称号。其中，五人牺牲在战场。孙征民是山东莱州人，珍宝岛自卫反击战期间，他六次奉命率领小分队赴前线执行排雷任务，共排雷189枚。但在最后一次排雷过程中不幸壮烈牺牲，年仅33岁。在3月15日的战斗中，炮连战士杨林和战友们在岛上炮击敌军装甲车，在连续击毁两辆装甲车后，他左手三根指头被打断，右手被子弹打穿。在这种情况下，他继续以顽强的毅力射击，不幸被敌人的坦克炮击中牺牲。在位于黑龙江省双鸭山市的珍宝岛烈士陵园中，还有68位在战斗中牺牲的烈士长眠于此。

英雄们的血没有白流。边防战士们的顽强战斗使苏方意识到了我方捍卫领土完整的决心，继续冲突下去对双方都没有好处。1969年9月，苏联部长会议主席柯西金趁赴越南吊唁胡志明之机绕道前往北京，在机场同周恩来会面。周恩来对柯西金仍以"同志"相称，双方进行了3个小时的会谈，同意先维持边界现状，避免武装冲突。中苏边界这才逐渐恢复平静。

1991年，中苏两国外长签署了《中苏国界东段协定》，正式明确规定

自从有了党
——文物背后的家国故事

了包括珍宝岛在内的一系列岛屿属于中国。1994 年,中俄两国签署了《中俄国界西段协定》;2004 年,中俄两国签署了关于《中俄国界东段补充协定》,中俄之间的边界争端由此画上了句号。

1973

党的足迹

党的十大

1973年8月,中国共产党第十次全国代表大会在北京举行。1973年下半年,经济形势明显好转,国民经济计划主要指标都完成或超额完成。

——《中国共产党简史》

袁隆平的杂交水稻研究工作如何躲过"文革"的干扰?

袁隆平的杂交水稻研究工作如何躲过"文革"的干扰？

求助信：让中国杂交水稻研究团队脱离窘境

【文物影像】

"谌所长：昨天我组的罗孝和同志从海南回院，说我院在海南工作人员还缺乏一些生活物资，主要是油、豆类，现特派我组张健、郭桂生二同志前来贵场请求支援，请你大力协助解决为盼！"

1973年，我国在世界上首次培育成功强优势的籼型杂交水稻。然而，当时杂交水稻科研团队所面临的环境依然是复杂的，科研人员有时候甚至会陷入"断粮"窘境。这是袁隆平于1975年1月31日写给涔澹农场农科所所长谌海丰的一封简短书信。他在信中向谌海丰求助，希望能得到一些生活物资。从这封信我们可以看出，当年科研小组工作的艰辛，也反映出当年人们对杂交水稻研究工作的大力支持。

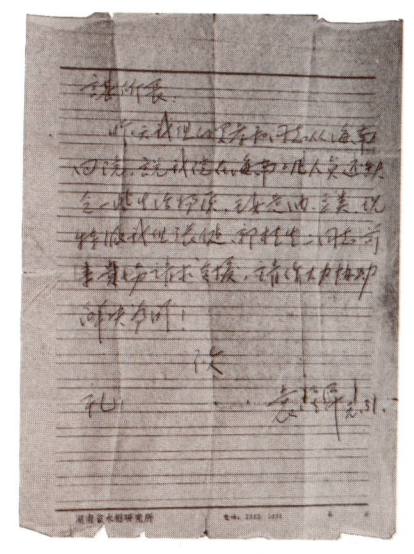

袁隆平的求助信，一级文物，隆平水稻博物馆馆藏（图片由该馆提供）

自从有了党
——文物背后的家国故事

【家国故事】

一封公函救了袁隆平

作为杂交水稻研究创始人,袁隆平从1964年便开始研究杂交水稻。当时还是安江农校教师的袁隆平,提出了"三系法"杂交水稻的方案,并历经千辛万苦找到了6株天然雄性不育的植株。

1966年,声势浩大的"文化大革命"也影响到地处湘西一隅的安江农校,花花绿绿的大字报贴满校园,各种"檄文"、"宣言书"和"战斗口号"在校园里不断回响。正当袁隆平以为自己"躲不过去"的时候,一封公函救了他。

1966年2月28日,这是袁隆平科研历程中值得纪念的日子,他的第一篇论文《水稻的雄性不孕性》在当时的权威刊物《科学通讯》发表。这可能是世界上第一篇论述水稻雄性不孕性的文章,它指明了这一特性的巨大利用价值和通过杂交培育高产水稻的设想。

文章一经发表,就被时任国家科委九局局长赵石英发现,他意识到袁隆平所进行的研究的重大意义,立刻向主管国家科委工作的聂荣臻元帅作了汇报。随后,国家科委发了一封公函,责成湖南省科委和安江农校支持袁隆平的研究。

袁隆平在三亚南繁育种基地

当时,安江农校"文革"工作组在准备袁隆平的批斗材料时,发现了国家科委发来的这份公函。看着北京发来的红头文件,工作组不敢怠慢,带着文件去请示黔阳地委书记孙旭涛。孙旭涛是一位知识分子出身的老革

求助信：让中国杂交水稻研究团队脱离窘境

命，看完公函后明确答复："袁隆平当然是保护对象！"

这样，袁隆平在安江农校的科研工作不仅受到了保护，还分到了安江农校最好的一块试验田。从1966年到1972年这几年时间里，他带领助手先后用1000多个品种，做了3000多个交杂组合的实验，但还是没能找到最合适的水稻品种。

1972年3月，杂交水稻被列为全国重点科研项目。在袁隆平的带领下，杂交水稻的研究队伍不断壮大，全国形成了由湖南、广东、广西、江西、湖北、福建等13个省18家单位上百名农业科学工作者组成的协作组。

为了加快科研进度，协作组提出了"夏长沙、秋南宁、冬海南"的计划，想利用海南气候温和的自然条件，加快繁殖育种的过程。自那以后，研究小组不顾车马劳顿，每年都要踏上往返海南的路途。

1968年冬，袁隆平第一次背上行囊，前往海南考察育种基地。当时的生活条件是非常艰苦的，他和助手落脚三亚南红农场，住的是茅草屋，睡的是用竹竿、秫秸搭的地铺。屋内没有电灯，每天傍晚袁隆平从地里回来，都要点上煤油灯躺在床上看书。这样的日子，他一过就是好几年。

缺少生活物资的水稻基地

从1968年到1974年，袁隆平的七个春节都是在海南度过的。进入20世纪70年代，育种试验田的条件有所改善，但由于远离城镇，生活物资依然非常缺乏。每次从湖南去海南，小组成员都会从家里多带一些腊肉、腊香肠。海南天气炎热，这些腊肉保存不了多久，研究小组时不时会面临食物短缺的窘境。

1970年，他们在海南发现了第一株野生稻雄性不育株，为水稻雄性不育系的选育、三系杂交水稻的研究成功打开了突破口。几十年后，当袁隆

自从有了党
——文物背后的家国故事

平回忆起这件事时,他对记者说:"杂交水稻的成功,一半的功劳应该归功于南繁。因为南繁,超级稻亩产 700 公斤、800 公斤、900 公斤连续取得突破,时间至少提前 10 年。"

他们在海南南部进行种子繁育的工作,被称为"南繁";他们的试验田,则被称为"南繁基地"。

1973 年,我国籼型杂交水稻"三系"配套成功,科研团队首次培育出强优势的籼杂交水稻。在接下来的几年里,他们将面临着培育这种杂交水稻种子的难题。1975 年正是育种的紧要关头,研究小组却在生活上遇到了困难,食用油等物资即将断档,厨房马上要揭不开锅了。

1975 年 1 月 30 日,从海南辗转回到长沙后,研究小组成员罗孝和将生活上遇到的困难报告给了在湖南省农业科学院的袁隆平。获悉该情况后,袁隆平想起了在安江农校毕业的一个学生——谌海丰。谌海丰当时在常德津市涔澹农场农科所任所长,该农场物资相对充裕。于是袁隆平提笔给谌海丰写了这封求助信,希望能得到油、豆类等基本生活物资的支持。谌海丰收到信后,立刻上报给农场党委。涔澹农场党委经过开会研究后,迅速调拨了油、豆类等物资,还杀了两头猪腌成腊肉交给两位同志带走。海南研究小组的粮食短缺问题得到解决。

随着杂交水稻育种的成功,它获得的支持也越来越多。就在那年冬天,湖南省政府就拨款 100 万元,拨粮 150 万公斤,组织 8000 多人,任命袁隆平为技术总顾问,赴海南制种 3.3 万亩,正式拉开了杂交水稻大面积生产的序幕。

2018 年底,谌海丰因病去世,弥留之际嘱托女儿将信件捐赠出去。2019 年初,谌海丰的女儿和女婿专程从常德赶到长沙,将信件捐赠给了隆平水稻博物馆。2020 年 7 月,"求助信"被文物部门鉴定为一级文物。

1977

党的足迹

党的十一大

1977年8月12日至18日,中国共产党第十一次全国代表大会召开。大会重申党的根本任务是要在20世纪内把本国建设成为社会主义现代化强国。

——《中国共产党简史》

1977年高考为何被安排在冬季?
恢复高考政策出台有哪些幕后故事?

为什么要举办全国科学大会?
全国科学大会对我国产生了哪些深远影响?

一家乡镇企业为何能风靡一时?

1977年高考为何被安排在冬季？
恢复高考政策出台有哪些幕后故事？

准考证：难忘1977那年高考

【文物影像】

2022年是我国恢复高考45周年。四十多年来，1977年冬季的那次高考一直是人们谈论和回忆的一个话题，高考改革也一直牵动着全社会的神经。

这是一张北京市1977年高等学校招生准考证，中间是考生姓名、报名号、报考科类、县（区）、考试地点等栏目。下方是考试科目和时间，可以看出这次考试分三天，第一天上午考政治，下午考史地或理化；第二天上午考数学，下午考语文；第三天加试外语。这张准考证不仅是它的主人刘学红改变命运的一个关键点，也是一个国家与时代的拐点。

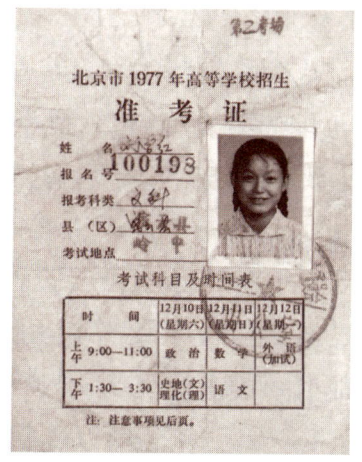

刘学红的高考准考证，国家博物馆馆藏

自从有了党
——文物背后的家国故事

【家国故事】

一个重大决策的出台

1975年，刘学红高中毕业的时候，中国废止高考已经快十年了。1966年到1969年，中国大陆所有的大专院校都停止了招生，教师与学生们被下放劳动，高等教育全面瘫痪。从1970年到1976年，按照"自愿报考、群众推荐、领导批准、学校复查"的原则，全国招收工农兵学员七届共94万人。但是，由于废除了招生考试，这些推荐上来的工农兵学员文化程度差别极大。

据1972年的调查数据，北京在校学员入学前文化程度：初中以上的占20%，初中的占60%，相当于小学程度的占20%。把这些层次完全不同的学员集中在一个教室里接受高等教育，其教学效果可想而知。

被时代裹挟着的刘学红，高中毕业后主动到艰苦的地方去锻炼。1976年3月，她来到北京市密云县高岭公社四大队插队，一干就是一年多。当她和一大批知识青年在广阔的天地里日复一日地辛勤劳作时，一场改变无数知识青年命运的会议正在北京召开。

1977年8月4日，主动请缨分管科技与教育工作的邓小平在北京饭店主持召开了科学与教育工作座谈会，邀请33位著名科学家和教育工作者参加。会上，与会人员一致呼吁，改革现行高校招生制度，主张立即恢复高考。

专家们的意见激励了邓小平。他问坐在身边的教育部长刘西尧：今年就恢复高考还来得及吗？刘西尧说，推迟半年招生，还来得及。邓小平当场决断：既然今年还有时间，那就坚决改嘛！把原来写的招生报告收回来，根据大家的意见重写。招生涉及下乡的几百万名青年，要拿出一个办法来。今年就开始改，不要等了。

准考证：难忘 1977 那年高考

8月8日，座谈会结束，邓小平总结发言明确表示，今年就要下决心，恢复从高中毕业生中直接招考学生，不要再搞群众推荐。

一个重大决策就这样出台了。

秋天里的一声惊雷

1977年10月21日，恢复高考的消息正式公布。它如同秋天里的一声惊雷，唤醒了千万个中国青年沉睡的梦。刘学红也有自己的大学梦，她在中学时就对物理产生了浓厚的兴趣，到北京大学物理系读书一直是她的梦想。当她从广播里听到了恢复高考的消息，兴奋得一夜没睡。高岭公社一共有11名知青，大家都报了名。

刘学红每天白天干农活，晚上挑灯夜战。找不到像样的复习资料，她就把中学课本重新翻出来，还想方设法弄到了"文化大革命"前的高中数学教材和高考历史试卷。在选择专业时，为了易于被录取，她放弃了曾经喜爱的物理专业，改报北京大学新闻专业。

从10月21日正式宣布恢复高考，到12月正式举行高考，这两个来月时间里，高考成为年轻人见面时最热门的话题。你报名了吗？你考不考？这样的问题成为他们日常打招呼的方式。"知识改变命运"的时代号角，开始响彻神州大地。

青年们重新拾起久违的书本，全国各地的新华书店人头攒动，大家连夜排队抢购复习材料。多数人都像刘学红那样，白天劳动，晚上熬夜复习，为梦想废寝忘食成了当年复习备考时许多人的共同记忆。

全民都在议论高考，整个社会的神经都被高考牵动。大家都有一种兴奋、好奇、期待、憧憬的心理。经历过11年的中断，谁都不知道真正的高考会是什么样的。虽然大家明白各高校招生人数不多，但没有人知道确切的招生数字，谁都觉得自己有可能考上。绝大多数人都是抱着"一颗红心，两手准备"的心情进入考场。

1977年，570万名考生走进考场

一场空前绝后的高考

据统计，1977年冬季全国有570万名考生参加高考，主要是高考废止十年间，从66届到77届12个年级的学生。如果加上当时允许部分78届优秀高中生提前参加高考，1977年高考实际上有13个年级的人才一起走进考场，同台竞争。

这是一个空前绝后的场景。考生的身份与经历五花八门，不仅有许多兄弟、姐妹、师生同考，还有叔侄、夫妻同考。一位考生回忆当年的场景："当时考生中有许多已经是三四十岁，大多文质彬彬，不少戴着眼镜，看起来都是些饱学之士，一副深不可测的表情，不像现在都是清一色的年轻人……踏进这样肃穆的考场，体味如此严格的考试，也是我有生以来第一次。"

准考证：难忘 1977 那年高考

1977 年冬季高考

而且，那年的考风淳朴，据当年在吉林监考的一位老师回忆："当时考场没有一个打小抄的。考试结束后，也没有一个说话的，大家都带着严肃的表情离开考场。"

由于考生人数大大超过预期，印刷试卷的纸张准备不足，中央便紧急调用《毛泽东选集》第五卷的印刷用纸来先行印刷考生试卷。刘学红参加的北京市高考作文题目是《我在这战斗的一年里》，她从粉碎"四人帮"反革命集团写起，讲述了一年来自己在林业队与贫下中农一起开山造田，修建大型现代化果园的亲身经历，得到 99 分的高分，成为恢复高考后北京市首个文科状元，如愿被北京大学中文系新闻专业录取。

那一年高考的录取比例为 29：1，最后有 27 万多名考生同刘学红一样幸运地走进了大学校门。半年后的 1978 年夏天，国家正式恢复全国统一命题考试，这一次又有 610 万名考生报考，录取 40.2 万人。两级大学生同年入校，同年毕业，这种现象在世界高等教育史上都是少有的。

2007 年，在纪念中国恢复高考 30 周年的特殊日子里，刘学红将这张珍贵的高考准考证捐赠给了中国国家博物馆，使之成为这段特殊历史的重要见证物。

为什么要举办全国科学大会?
全国科学大会对我国产生了哪些深远影响?

科学大会邮票:
纪念"科学的春天,人民的春天"

【文物影像】

全国科学大会邮票由三枚组成,第一枚邮票"科学的春天"以花朵纹样衬底,既点明了全国科学大会召开的季节特点,同时也蕴含"科学的春天已经到来"的意思,邮票中间展示了由红旗、原子模型和飞机组成的全国科学大会会徽;第二枚邮票"向四个现代化进军"图案以粉色为背景,四面迎风飘扬的彩色旗帜纵贯票面,象征农业、工业、国防和科技现代化;第三枚邮票"努力攀登科学高峰"中,一颗航天器绕地球飞行后,将一面红旗插向外层空间,象征着科学工作者努力攀登科学高峰,冲出地球,走向宇宙。

全国科学大会邮票,天津博物馆馆藏

科学大会邮票：纪念"科学的春天，人民的春天"

这套邮票于 1978 年 3 月 18 日发行，那一天正是全国科学大会开幕的日子。全国科学大会是新中国发展史上的一次历史性会议，"科学技术是生产力"和"知识分子是无产阶级的一部分"两个重要论断，就是邓小平在这次会议上提出的，也是这次会议把我国的科学事业从寒冬带进了春天。

【家国故事】

天亮了，解放了！

1978 年的春天不同寻常。

刚刚接受贫下中农劳动改造的陈佳洱接到通知，邀请他参加 3 月 18 日召开的全国科学大会。当时，他在四川汉中做"猪倌"已经 10 年了，10 年前他的身份是新中国第一批派往海外的留学生、重离子加速器研究专家。

这是一次注定要载入史册的会议。粉碎"四人帮"、结束"文化大革命"之后，建设"四个现代化"的口号被重新提出，人们日益认识到科学技术和知识分子的重要性。中共中央决定召开一次全国性的科学大会，通过这次大会调动广大知识分子为"四化"服务的热情。中央相关领导表示：这次大会要开得热火朝天，人数要多一点，要使全国震动。对人民有贡献的专家和群众，要给予表扬、戴红花。

1977 年 6 月，中央成立了全国科学大会筹备工作领导小组和办事机构，并召开了预备会议。9 月 18 日，中共中央发出《关于召开全国科学大会的通知》。同一天，主管全国科研工作的领导机关国家科委恢复办公，方毅被任命为国家科委主任。

全国科学大会定于 1978 年 3 月 18 日召开的消息传开后，不到一周时

自从有了党
——文物背后的家国故事

间,负责会议筹备工作的国家科委和中国科学院就收到了近2000封来信,向大会献礼的科研成果和各种物品达五六百件。广西大学一个班的学生,以"未来建设者"的署名,寄来他们课余捡废品积攒的30元钱。大会还收到工人、解放军战士乃至小学生不署名的、从几元到几十元数额不等的汇款,表达他们对大会的祝贺。还有人寄来锦旗、珍贵矿石,甚至还有近百种"中医祖传秘方"……

大会还没召开,就已经激起了全民对科学的热情,以及他们对大会的期待。10年来,广大的科研工作者都被打压得太久了!参加全国科学大会的科研人员中,受到"四人帮"迫害的人比比皆是。有些科研人员得知消息后来北京找评审组,向他们展示自己的研究成果。有的科研人员被整得妻离子散,在介绍成果时忍不住失声痛哭……

1966年,陈佳洱带着数百万科研经费,投入加速器研制的工作中。也就是那一年,他在政治运动中被扣上几顶莫名其妙的帽子,限令3日内离开北京,到汉中劳动改造。离京前,他认为自己这辈子不可能有机会再做研究了,于是卖掉了所有和加速器相关的书籍。

中央决定召开全国科技大会后,钱三强点名让陈佳洱回北京,参与制定低能核物理加速器研究的规划。正因如此,他才接到了参会的邀请。

这是人民的春天,这是科学的春天!

1978年3月18日,全国科学大会拉开帷幕。5000多名劫后余生的科技界代表在会上相逢,7000多项科技成果重见天日,获得嘉奖。时任中共中央副主席、国务院副总理的邓小平称这次全国科学大会是"我国科学史上空前的盛会"。会上,他以党中央副主席的身份,向科学家们诚恳表白:"我愿意当大家的后勤部长,愿意同各级党委的领导同志一起,做好这方

科学大会邮票：纪念"科学的春天，人民的春天"

面的工作。"①话音刚落，暴风雨般的掌声响起。

1978年全国科学大会会场

邓小平在开幕式上的讲话给代表们留下了深刻印象，当他讲到"知识分子是无产阶级自己的一部分""要尊重知识、尊重人才""科学技术是生产力"等振聋发聩的论断时，在场的人们无不感动，并报以热烈的掌声。广大知识分子终于摘掉了"臭老九"的帽子，成为无产阶级的一部分。

当时年龄最大的参会代表，82岁的上海交通大学教授周志宏说："邓副主席的讲话解除了我的思想包袱，感到特别温暖，内心特别激动。我虽然已82岁，但决心把自己的有生之年，全部贡献给我国的钢铁工业，为早日实现四个现代化而努力工作。"②

3月31日，大会举行闭幕式，时任中科院院长郭沫若作了《科学的春天》的书面发言："这是人民的春天，这是科学的春天，让我们张开双臂，

---

① 周文斌：《光荣的"后勤部长"》，https://news.sina.com.cn/o/2004-08-20/08253443553s.shtml。

② 罗平汉：《科学的春天：1978年全国科学大会》，《党史文苑》2015年第11期，第14页。

自从有了党
——文物背后的家国故事

热烈地拥抱这个春天吧……"当中央人民广播电台播音员王琦在闭幕式上朗读这篇书面发言稿时,人民大会堂里响起了一阵又一阵的掌声。

大会还正式通过了《1978年至1985年全国科学技术发展规划纲要》,对我国自然资源、农业、工业、国防、交通运输、海洋、环境保护、医药、财贸、文教等27个领域和基础科学、技术科学两大门类的科学教学研究任务做了全面安排,从中确定了108个项目作为全国科学技术研究的重点。

科学大会的召开,使经历"文化大革命"严冬之后的广大知识分子,感受到了前所未有的温暖。大会召开后,中国社会出现了从未有过的崇尚科学的风气,科学家成了人们心目中的英雄,青少年努力学习科技文化知识蔚然成风,为中国改革开放后的经济腾飞奠定了重要基础。

缝纫机：太平手袋厂吹响改革开放的号角

【文物影像】

广东省东莞市虎门镇人民南路执信公园对面，有一处青砖白墙、造型奇异的建筑，它就是2019年12月落成启用的太平手袋厂陈列馆。馆内陈列着几百件老物件，最显眼的位置摆放着一台盛家牌491电动缝纫机。即使过去了四十多年，这台缝纫机现在依然动力如初。四十多年前，太平手袋厂缝纫机电动马达的嗡嗡声，吹响了我国改革开放的号角。

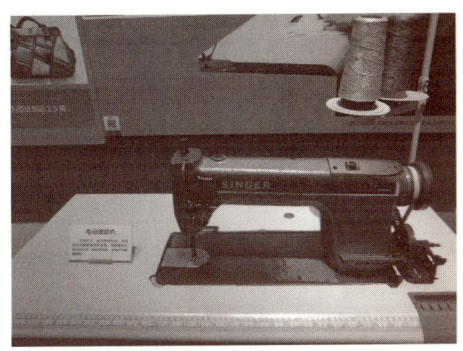

盛家牌缝纫机，太平手袋厂陈列馆馆藏

【家国故事】

大胆采用先进技术与生产工艺

太平手袋厂，现在可能很少有人听说，但在改革开放初期曾闻名全国。该厂生产的手袋，也曾风靡一时，成为那个年代的时髦货。

自从有了党
—— 文物背后的家国故事

1978年7月，国务院召开会议，强调要放手利用国外资金，大量引进国外先进技术设备，以加快我国的四个现代化建设。国务院还颁发了《开展对外加工装配业务试行办法》。8月30日，广东省东莞县二轻局和香港信孚手袋制品公司签下了东莞第一宗来料加工企业合作合同。合同规定：港方负责进口设备、原材料及产品外销，东莞二轻局则提供厂房和劳动力。当年9月15日，全国第一家对外来料加工厂——由原来的虎门太平竹器社改办而成的东莞太平手袋厂正式开工。该厂第一年就获得加工费100万元，为国家赚取外汇60多万元。

"三来一补"，即来料加工、来样加工、来件装配和补偿贸易，是我国在改革开放初期尝试性地创立的一种企业贸易形式。东莞太平手袋厂就是采取这种企业贸易形式成立的，它不仅是东莞第一家，也是全国第一家来料加工企业。

太平手袋厂创建之初，按照港商与市二轻局签订的合同，手袋厂需从每笔加工费中抽20%，给港商作为设备补偿。两年后，所有设备补偿全部清完，太平手袋厂成为集体所有制企业。

太平手袋厂工作场景复原

虽然是"第一家"，但太平手袋厂的起点是非常高的，使用的缝纫机是专门从德国进口的电动缝纫机。工厂所生产的手袋设计理念也非常新潮。

缝纫机：太平手袋厂吹响改革开放的号角

当时国内普遍使用的书包是帆布包，太平手袋厂则通过与一些面料生产商洽谈，使用了国外及香港都在使用的涤纶、尼龙等新型纤维面料。太平手袋厂使用这些新型面料，再结合国外流行箱包的特点，配以先进的生产工艺生产出大批不同形状的书包，在国内外市场引起极大轰动。

手袋厂生产的手袋、箱包等，在全国引起抢购潮，全国各地的大商场都到太平手袋厂来抢调货，上海一百商场采购了一个火车皮的手袋，不到四天的时间就全部卖光；一种新型洋娃娃书包，几十万个在一天内就被全部销空。这些高档时尚的手袋、箱包，不仅极大丰富了国内箱包产品市场，还为国家出口创造了大量外汇。

太平手袋厂点燃星星之火

苏秀仪是当年太平服装厂的技术骨干，也是第一批调入太平手袋厂的员工。据苏秀仪回忆，那时候一般工人工资很低，一个月18元、28元、38元不等，但是太平手袋厂实行"按件计酬"，调动了全厂工人的积极性，大家通宵达旦地赶生产。在1978年，哪怕是高级工程师，一个月也只有不到100元的收入，但太平手袋厂连学徒都能拿到80到110元。顿时，整个太平镇都轰动了。

太平手袋厂的成功点燃了东莞主动利用外资的星星之火，东莞农村工业化从此起步。港商张子弥来虎门投资办太平手袋厂时，他的许多商界朋友都提醒他要注意内地的政治风险，大家都持观望态度。当太平手袋厂在不到一年时间里迅速发展壮大，并成长为全国乃至国际上都享有盛誉的手袋厂时，他们再也坐不住了。

仅一年时间，东莞的"三来一补"项目就签订了184宗。从1978年9月至1987年9月，东莞对外签订协议4116宗，已执行2367宗，"三来一补"企业遍布城镇和乡村。1984年，东莞的"三来一补"企业就达到1000多家，

自从有了党
——文物背后的家国故事

单加工费收入就达到 4580 万美元，创汇 1.4 亿美元，已经是当时的全国县级市之冠。①

太平手袋厂于 1996 年 12 月清算结业，它点燃的星星之火，早已燎原整个莞邑大地，开启了东莞独具特色的外向型经济之路。在结业之际，苏秀仪特地买下了厂内的一台缝纫机。2007 年 5 月底，在轰隆隆的推土机声中，太平手袋厂厂房轰然倒塌，几天内被夷为平地。这家昔日耀眼的"粤字 001 号"企业，也随着厂址的彻底消失而尘封。

2019 年 7 月，太平手袋厂陈列馆开始筹建，向社会征集老物件，苏秀仪毫不犹豫地将那台缝纫机捐给了陈列馆。"当时拒绝别的收藏者，就是不想这台缝纫机离开虎门。现在不一样了，这台缝纫机放在太平手袋厂陈列馆，就像回到了当年的工厂。想它的时候，随时可以去看一看。"

如今，陈列馆共展示太平手袋厂缝纫机、锁边机、工会证、工作证、手袋等老物件 500 多件，从不同的角度讲述着当年的故事。它所蕴含的敢为人先的创业精神，至今依然为人们所津津乐道。

太平手袋厂陈列馆

---

① 东莞市人民政府：《"三来一补"使东莞插上翅膀》，《国际经济合作》1988 年第 3 期，第 15 页。

1982

党的足迹

党的十二大

1982年9月1日至11日,中国共产党第十二次全国代表大会在北京举行。邓小平在开幕词中响亮提出:"把马克思主义的普遍真理同我国的具体实际结合起来,走自己的道路,建设有中国特色的社会主义。"大会通过题为《全面开创社会主义现代化建设的新局面》的报告,提出了全面开创新局面的奋斗纲领。

——《中国共产党简史》

第一批"打工妹",她们现在过得怎么样?
中国最早的"打工人"生活是什么样的?

第一批"打工妹",她们现在过得怎么样?
中国最早的"打工人"生活是什么样的?

凯达厂工作证:
引出"打工妹"一词的由来

【文物影像】

1982年4月30日晚上,几辆大巴停在深圳蛇口工业区凯达玩具厂门口,从车里下来一群女孩。她们是新成立的凯达玩具厂从内地新招的女工,多数人都是第一次来到深圳。她们也是中国的第一批"打工妹",即将在这片生机勃勃的土地上迎来自己的新生活。翁纯贤正是她们中的一员。40年过去了,翁纯贤已经退休。每当回首往事,她感觉人生最重要的决定就是来到深圳,并且留了下来。

翁纯贤在凯达玩具厂的工作证,深圳博物馆馆藏(图片由该馆提供)

自从有了党
——文物背后的家国故事

【家国故事】

被羡慕的深圳"打工人"

作为深圳蛇口工业区引进的第一家港资独资企业,凯达玩具厂于 1982 年初投产,是一家专门生产毛绒公仔玩具的企业。1982 年,凯达玩具厂分批从广东韶关、肇庆、汕头等地招聘了大量女工。翁纯贤就是那时候被招进凯达玩具厂的。

当年的翁纯贤刚刚高中毕业,在汕头亲戚家开的小作坊做学徒。一天,她和同学逛街,在马路上看到了蛇口工业区和凯达玩具厂联合在汕头招工的消息,招工对象要求高中毕业。在那个年代,这种公开招工的形式从未有过,翁纯贤觉得新鲜,就抱着试一试的心情报名了。幸运的是,她顺利通过了招聘考试,成为凯达的一员。

抵达蛇口工业区的女工

许多年过去了,翁纯贤对刚到蛇口时的场景依然历历在目:当时周围全是杂草丛生的荒地,整个深圳就是一个大工地。有人回忆说:到处是工

凯达厂工作证：引出"打工妹"一词的由来

地，四处黄土飞扬，随时能听到远处炸山填海的隆隆炮声。很多人心里都犯嘀咕：这里不就是农村吗？第三天就走掉了20多人，不到三个月，同来的120人，只剩下不到80人。

但翁纯贤和她们的想法不一样，"一到这里我就说，我不会离开这里的，当时汕头最好的招待所也没有这里的厂房漂亮。到处灯火通明，好像一个新的天地一样"。

真正让翁纯贤感到惊喜的是凯达的待遇。据员工回忆，1982年她们刚来玩具厂的时候，普通员工的工资待遇是每天3.1元，一个月有80多元收入。晚上的加班费是平时工资的1.5倍，周末则是平时的2倍，重大节日是3倍。在当时，这样的收入水平远高于一般人。这种多劳多得的用工制度新奇也高效，每个人都在抢着干活，抢着加班。

凯达玩具厂的女工在生产车间作业

"我们蛇口工业区有一句话：时间就是金钱，效率就是生命。这就是我们这一代人的写照。我们做什么事都很认真很积极，不偷懒，都争分夺秒地去做去学。"翁纯贤接受媒体采访时说。

手里有钱了，她们开始从香港买衣服，留时尚的大波浪头，很快成了当时中国最潮的一群人。工资里有30%是外汇券，她们拿着这些外

自从有了党
——文物背后的家国故事

汇券为家里购置 NEC 的电视机、松下的冰箱、友谊牌洗衣机、三角牌电饭煲……

这群青春时尚的女孩被人们称为"凯达妹"。凯达玩具厂最盛的时候,有 1000 多名这样的凯达妹,她们是当时最被羡慕的深圳"打工人",是最先享受到改革开放成果的一群人,是改革开放浪潮中的第一朵浪花。

"我们都曾拼搏过!"

尽管她们中的大多数人在蛇口的日子过得还不错,但打工妹们从来没有停止进取的脚步。在蛇口工业区的支持下,求学充电在凯达妹群体中蔚然成风。一些人在下班之后甚至连晚饭都顾不上吃就去蛇口工业区培训中心(今招商蛇口学院)进修学习,扩充知识储备。

到凯达玩具厂的第二年,翁纯贤就开始报考函授班,学习经济类课程。1985 年,翁纯贤又在蛇口工业区上起了夜校,学习会计专业。但是,由于凯达玩具厂那几年效益非常好,加班非常多。这时候,翁纯贤一心只想学习深造,她开始考虑离开凯达。1989 年,她跳槽去了不用加班,而且能报销部分上学费用的南玻集团。

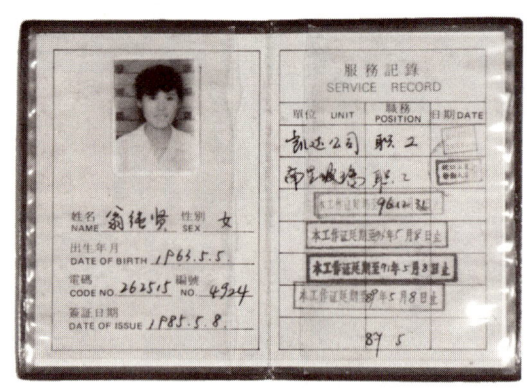

留下翁纯贤服务记录的工作证

凯达厂工作证：引出"打工妹"一词的由来

事实上，从来蛇口的那天起，早期的"凯达妹"都享有非常完善的社会保障服务。1987年，翁纯贤与同在深圳打工的一位老乡结婚了，并在那年拥有了自己的第一套房子。那是改革开放以后在蛇口工业区试点的第一批公开售楼，主要面向工业区的职工，翁纯贤享受到了这样的福利。64平方米的房子，一万三千多元，首付30%，之后每个月300块左右的按揭。她和老公的收入加起来一个月1000多元，日子过得轻松快活。三年后，他们就还完了房贷。

1991年，讲述打工生活的电视连续剧《外来妹》在央视播出后引起轰动，那首经典的主题曲《我不想说》曾感动了无数人。随后的几十年里，"打工"成为中国社会生活的一个重要关键词。

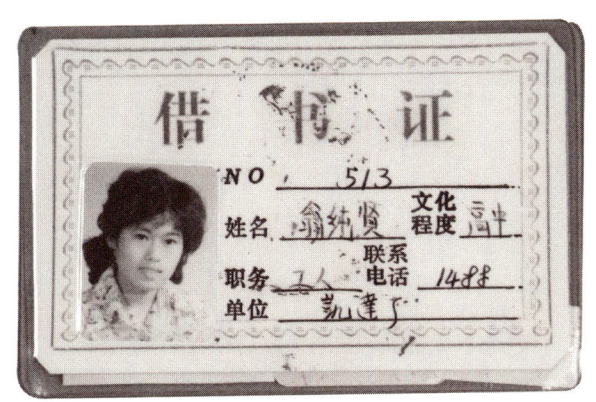

翁纯贤的借书证

2007年，蛇口工业区举办了凯达玩具厂成立25周年聚会。尽管这家企业已不复存在，但仍有300多名当年的"凯达妹"赶来参加，其中不少人还是从国外赶过来的。一些昔日的凯达女工，现在已经成为企业家、银行行长、金融投资商或者政府官员。翁纯贤后来在南玻集团一直做到了企业高管，成为名副其实的社会精英。谈起在凯达玩具厂的那段经历，她们都充满感激。

自从有了党
——文物背后的家国故事

"我们都很感谢凯达。在那里,我们真正养成了做事认真、负责、高效的习惯。我发现,即便是后来回老家工作的人,也都把这个习惯带了回去,有的人同时兼着好几份工作,不让自己闲下来。总的来说,成功的人毕竟是少数,但最重要的是我们身上都有一股干劲,不断地学习,我们都曾经拼搏过。"翁纯贤说。

1987

党的足迹

党的十三大

1987年10月25日至11月1日,中国共产党第十三次全国代表大会在北京举行。大会正式代表1936人,特邀代表61人,代表全国4600多万名党员。大会通过的报告《沿着有中国特色的社会主义道路前进》,系统阐述了社会主义初级阶段的理论,明确概括了党在社会主义初级阶段的基本路线。

——《中国共产党简史》

中国房地产大发展起点在哪儿?

深圳的这场土拍,为什么会引起全国关注?

中国房地产大发展起点在哪儿？

深圳的这场土拍，为什么会引起全国关注？

土地拍卖第一槌：
敲开新中国房地产风起云涌的时代

【文物影像】

1987年12月1日下午，在深圳会堂举行的拍卖会上，就是这只拍卖槌敲响了新中国历史上土地拍卖的"第一槌"，为我国房地产市场化制度的建立做出了历史性的突破。一个房地产风起云涌的时代，由此拉开序幕。

新中国土地拍卖第一槌，深圳博物馆馆藏（图片由该馆提供）

【家国故事】

一场引发空前关注的拍卖会

1987年12月1日下午4时，一场特别的拍卖会在深圳会堂举行。能

159

自从有了党
—— 文物背后的家国故事

容纳 1000 多人的大厅座无虚席，连过道上都站满了人。现场都是来自各地的房地产公司老板，他们西装革履，摩拳擦掌，跃跃欲试。现场还有来自北京、香港、台湾、新加坡和深圳本地的 60 多名媒体记者。

1987 年，深圳首次举行国有土地拍卖，时任深圳经济特区房地产公司总经理骆锦星（左）竞拍成功，与同事欣喜地举牌

这场拍卖会拍卖的是深圳市罗湖区一块 8588 平方米土地的 50 年使用权。新中国成立后，根据宪法规定，土地一直属于国有，从来没人拍卖土地的使用权。因此，这次拍卖引发了空前的关注。

为了吸引更多的企业参与，主持拍卖的深圳市政府事先已经在报纸上刊登了《土地竞拍公告》，拍卖前三天，44 家企业领取了正式编号参加竞拍，其中外资企业 9 家。当天到场的不仅有房地产行业的老板和媒体记者，还有全国十几个城市的领导。这是所有人始料未及的。

当拍卖师刘佳胜宣布"拍卖开始"后，现场买家纷纷亮起了竞价牌。

土地拍卖第一槌：敲开新中国房地产风起云涌的时代

很快，价格就由起始的 200 万元飙升到 390 万元。经过数轮角逐，深圳特区房地产公司经理骆锦星喊出了"525 万"的高价。"525 万一次，525 万二次，525 万三次！成交！"现场一片寂静，刘佳胜一锤定音，这场载入史册的拍卖会最后以 525 万元成交，土地的使用权被深圳特区房地产公司拍得。

据拍卖师刘佳胜后来回忆，由于他落槌太快，现场的很多记者都还没有反应过来，来不及拍照。记者们便过来请他再象征性地敲一次槌。由于场面热烈，他敲了三次槌，才让记者们记下了这历史性的一刻。

当时的内地人还不理解"拍卖"为何物，在筹办这次拍卖会时，竟找不到合适的拍卖槌。为此，深圳市还特意向香港测量师学会寻求帮助，让他们特意定制了这件枣红色的樟木拍卖槌送给深圳。

一槌敲响，举国振奋。1988 年，经国务院批准，深圳、广州、厦门、天津、上海等城市相继进行城市国有土地使用权有偿出让、转让试点，并取得良好效果。很快，深圳的做法传遍神州大地。

第一个商品房小区竣工

为了这次拍卖，深圳市政府和深圳特区房地产公司等了近八年。

1980 年 1 月 8 日，深圳特区房地产公司成立，这是深圳也是新中国首家房地产公司。4 名工作人员、4 辆旧单车、一个两室一厅的办公室，便是这家公司最初的规模。骆锦星担任这家新公司的经理，此前他担任深圳市房管局副局长。这家国有公司当时的使命便是盖房子，为深圳的建设者们服务。

但是，盖房子的钱没有着落。关于特区建设的经费问题，邓小平说过

自从有了党
——文物背后的家国故事

一句非常著名的话：中央没有钱，可以给些政策，你们自己去搞，杀出一条血路来。1980年，深圳特区大规模的建设开始了。要通路、通电、通水……每开发1平方公里适合投资的地皮，就需要投入上千万元。面对着一大片稻田，骆锦星为经费的问题发愁。

是香港人启发了骆锦星。香港人说，你们是在抱着金饭碗啊，深圳大把黄土，遍地都是金子！深圳特区房地产公司成立后，香港妙丽房地产集团董事长刘天就第一个赶过来谈合作，提出由深圳方面出地，他们出资开发，还负责销售，利润四六分成。见骆锦星犹豫，他又主动提出将利润分成变为15%：85%，深圳特区房地产公司分85%。骆锦星同意了，第一个开发的项目是东湖丽苑住宅区。

这样做面临最大的一个体制障碍是，《宪法》明文规定任何人不得侵占、出租、买卖土地，于是骆锦星与当时的市政府领导想了一个变通的法子，叫补偿贸易：我方出地，港商出钱合作建房，利润双方分成。

设计图纸出来后，香港妙丽集团就开始在香港卖房。这次预售房在香港引起了不小的轰动，由于价格不到香港楼价的一半，当时5000多人排队购房，最后只好抽签定盘。那次，深圳特区房地产公司挣到了500多万元，第一次体会到土地在市场中的巨大作用。

更令骆锦星大开眼界的是，房子还在图纸上，港商就开始卖房，而且很快就能得到建房的全部资金，难怪只有15%的利润分成，他们也愿意合作。

1984年，东湖丽苑项目竣工，成为新中国第一个商品房小区。东湖丽苑建立的物业，也成为全国第一个物业。同时，该项目也是金融业按揭贷款的起点。办理东湖丽苑贷款的汇丰银行、南商银行通过这项业务获利后，深圳其他银行也开始陆续开办这项业务，并在全国开花。

土地拍卖第一槌：敲开新中国房地产风起云涌的时代

"第一槌"促成了《宪法》的修改

这一项目现在看来是取得了成功，但在当时也引起了不小的争议。许多人批评说这是在出卖国家领土主权，为资本家服务。得益于当时深圳市政府的支持，这一政策才得以继续推行。

1986年10月，深圳市委市政府成立调研组，就如何推进土地使用制度改革前往香港考察。同年12月，深圳市政府借鉴香港经验，拟订了《深圳经济特区土地管理制度改革方案（草案）》，基本内容为国有土地所有权与使用权分离，国有土地使用权作为特殊商品进入市场，使用者以平等竞争的市场形式（协议、招标、拍卖）取得土地使用权后，在合同规定期内，拥有使用权和收益权，可以转让、出租或者抵押。

随后，深圳便开始了一系列行动：1987年9月8日，深圳市以协商议标的形式有偿出让了第一块国有土地；9月11日，以招标的形式出让第二块国有土地；12月1日，又以拍卖的形式出让第三块国有土地使用权。这惊天动地的一槌，自此载入中国改革开放史。

1988年4月12日，第七届全国人民代表大会第一次会议通过的《中华人民共和国宪法修正案》第二条写道："宪法第十条第四款：'任何组织或者个人不得侵占、买卖、出租或者以其他形式非法转让土地。'修改为：'任何组织或者个人不得侵占、买卖或者以其他形式非法转让土地。土地的使用权可以依照法律的规定转让。'"

显然，深圳的土地拍卖"第一槌"直接促成了《宪法》的修改。这一修改也以国家根本大法的形式肯定了深圳土地管理体制改革的做法，奠定了中国城市土地管理制度改革的基石。

那次拍卖结束一年后建成的东晓花园，由于其地理位置优越，而且价

自从有了党
——文物背后的家国故事

格便宜,开盘不到一小时便卖光。当年的价格是每平方米1600元,如今,位于深圳罗湖区东晓路的东晓花园价格已经涨到4万多元一平方米。小区门口一面墙上还有"中国土地拍卖第一槌"的标志,提醒着人们这处普通小区不平凡的历史意义。

1992

党的足迹

党的十四大

  1992年10月12日至18日，中国共产党第十四次全国代表大会在北京举行。大会正式代表1989人，特邀代表46人，代表全国5100多万名党员。大会通过报告《加快改革开放和现代化建设步伐，夺取有中国特色社会主义事业的更大胜利》。大会作出了三项具有深远意义的决策。一是抓住机遇，加快发展，集中精力把经济建设搞上去。二是确定我国经济体制改革的目标是建立社会主义市场经济体制。三是提出用邓小平同志建设有中国特色社会主义的理论武装全党的任务。

——《中国共产党简史》

邓小平视察深圳的报道，为什么两个多月后才发表？
《东方风来满眼春》报道邓小平视察深圳，作者删掉了哪些重要内容？

邓小平为什么要匿名给希望工程捐款？
他资助的那 25 个孩子后来怎样了？

为什么早在三十年前，中国就有了关于 VR 技术的预言？
钱学森为什么建议 VR 取名为"灵境"？

邓小平视察深圳的报道，为什么两个多月后才发表？
《东方风来满眼春》报道邓小平视察深圳，作者删掉了哪些重要内容？

《东方风来满眼春》手稿：
讲述推动改革开放的故事

【文物影像】

《东方风来满眼春》手稿，深圳博物馆馆藏（图片由该馆提供）

1992年1月，邓小平再一次到南方视察并发表谈话。两个多月后的3月26日，《深圳特区报》发表了该报副总编辑陈锡添采写的长篇通讯《东方风来满眼春——邓小平同志在深圳纪实》，在国内外引起强烈反响。这篇万字长文，记录了小平同志在深圳视察时所作的重要讲话，是改革开放掀起高潮的标志性事件。

三十年过去了，当年这篇文章的手稿在新建成的中国共产党历史展览馆展出，成为改革开放历史的重要见证物。这份手稿有十几页，用的是《深

自从有了党
——文物背后的家国故事

圳特区报》专用的方格稿纸，上面蓝色的字迹十分工整，左侧还有手写的"机密"二字。

【家国故事】

"稿子不发出去，一辈子遗憾！"

1992年1月18日下午5时，时任《深圳特区报》副总编的陈锡添接到电话通知：速到市委接受一项特别的采访任务。他迅速驱车赶到市委，接到一项令他无比激动的任务：全程跟随采访明天一早到深圳视察的邓小平同志！而且，全市媒体就他一人。

激动之余，记者的职业敏感使他意识到，这将是一次重大的采访任务。后来发生的一切果然印证了陈锡添的猜测和判断，只是他没有想到，这次活动产生的影响会有那么大。1966年，陈锡添毕业于中国人民大学新闻系。20世纪70年代末，正在广州外国语学院担任教师的他听说《深圳特区报》可能需要记者，就跑到报社毛遂自荐，拿作品给领导看。还没等到他和学校提出调动的想法，《深圳特区报》的调令就来了。最后，他如愿以偿地进入了报社。

随着力作接连面世，到报社还不满五年的陈锡添就被提拔为

刊发在《深圳特区报》上的《东方风来满眼春》

《东方风来满眼春》手稿:讲述推动改革开放的故事

副总编辑。坚定的政治信仰、出色的业务能力,也为陈锡添后来担当邓小平南方视察的报道重任,打下了坚实基础。

从1月19日邓小平抵达深圳,到23日离开深圳,陈锡添每天都是白天跟随小平同志采访,晚上回来整理采访记录。有些自己不在邓小平身边的场合,他还要补充采访当时在场的领导,及时对重要言论进行补记。因此,那段时间他每天都是凌晨2点以后才睡觉。

"据说小平同志视察深圳时自己提出'三不':不题词、不接见、不报道。第二天通知我们,没有报道任务。我心里想这个稿子不发出去,一辈子遗憾。所以我一天到晚盯着他,像一个保卫一样,站在他旁边,认真地听,认真地记。"陈锡添后来回忆说。[1]

小平同志离开深圳后,有关方面告知,关于他视察的消息"暂不作公开报道"。

不久,党内通过中央文件的形式对小平同志视察南方发表的系列重要言论进行了传达。这令陈锡添喜出望外。他想,能不能在适当的时候,以新闻通讯特有的优势,活灵活现地将小平同志在深圳的言谈举止来一个大展示呢?他在静静地等待机会。

3月22日,在小平同志视察深圳两个月后,陈锡添从《南方日报》上看到一则有关邓小平同志视察深圳的报道《小平同志在"先科"人中间》。他不由得眼睛一亮:这是否意味着自己精心整理的那些关于小平同志在深圳的纪实性材料也同样可以公开见报了?

陈锡添的这一想法得到当时报社领导的支持。为抢时效,他采取边写边发排,边由社长审阅的特殊运作方式。由于他对有关材料早已烂熟于心,对文章的基本结构早已成竹在胸。所以,他写得非常快。24日,11000字

---

[1] 陈新华、吴清华、钟华友:《〈东方风来满眼春〉发表前后——访〈深圳特区报〉原总编辑陈锡添》,《南方周末》2003年7月10日。

自从有了党
——文物背后的家国故事

的长篇通讯一气呵成。

为什么想到以"东方风来满眼春"为标题呢？陈锡添说，这是摘自唐朝诗人李贺诗中的句子，表达了诗人对无限春光的热烈欢呼之情，借用过来，很贴切。

"文章发出去后，我就害怕了，睡不着觉！"

25日上午，陈锡添怀着忐忑不安的心情拿着已经打印出来的长篇通讯稿小样到市委宣传部送审，时任市委宣传部部长杨广彗说："发吧，稿子我就不看了，你们社里自己把关，但一定要注意，要把小平同志写成人，不要写成神。"[1]

当夜，长篇通讯《东方风来满眼春》被排上了次日出版的《深圳特区报》头版头条位置。陈锡添并没有如释重负的感觉，他后来回忆说："文章发出去后，我就害怕了，睡不着觉。不是怕丢官。国家的大事，才是真正重要的啊！通讯中很多是'邓小平说''邓小平说'，弄错了怎么办啊！"

客观地讲，这在当时还是很冒险的。据说在1992年的"两会"上，广东省的一位领导问时任深圳市委书记李灏："你们这个稿子怎么出来的？"李灏回答说："我不知道，家里定的吧。"意思是说他在北京开会，不知道这个稿子是怎么出来的，所以推测"是在家的深圳市的领导定的"。这位广东省的领导说："你们的胆子好大啊！"

稿子接下来产生的影响，令所有人始料未及。最早转载此文的是《羊城晚报》，他们意识到这篇通讯的分量，马上决定对已拼好版的26日报纸的主要新闻版面进行了调整，以较大的篇幅进行了摘登。

28日，上海《文汇报》以及北京的《中华工商时报》全文转载；28日晚，

---

[1] 《〈东方风来满眼春〉发表前后》，《记者摇篮》1998年第11期，第12页。

《东方风来满眼春》手稿：讲述推动改革开放的故事

《光明日报》《北京日报》全文转发了《深圳特区报》的报道后，新华社也于当日正式向全世界播发了《东方风来满眼春》全文。与此同时，全国几乎所有省市区的主要报纸都在一版显要位置刊发了《东方风来满眼春》。

经此一战，陈锡添成为知名"大记者"，但他继续奋战在新闻一线。1999年，《香港商报》与《深圳特区报》开展合作，开创内地报业对香港报纸进行参股改革的范例。陈锡添跨过罗湖桥，出任《香港商报》总编辑。

三十年过去了，对于那篇文章，陈锡添曾坦言有个遗憾的地方是删掉了一段很重要的话："邓小平有一段话：'不要搞政治运动，不要搞形式主义，领导头脑要清醒，不要影响工作。'这四句是原话，我记得很清楚。"①但这句话最终被陈锡添删掉了，因为当时正在搞社会主义教育，怕引起不必要的误会。

这篇通讯的手稿上标有"机密"二字，陈锡添后来对采访他的媒体记者解释说："这是编辑部的一个年轻编辑写的，他看到文章是写小平的内容，又看到边写边发排得这么紧张，猜想此文肯定有'来头'，所以就在稿件发排时信手写了这两个字。"

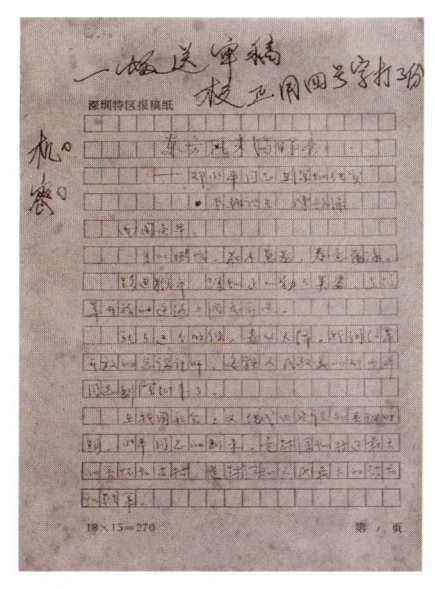

手稿单页

---

① 陈新华、吴清华、钟华友：《〈东方风来满眼春〉发表前后——访〈深圳特区报〉原总编辑陈锡添》，《南方周末》2003年7月10日。

邓小平为什么要匿名给希望工程捐款?
他资助的那25个孩子后来怎样了?

匿名捐款单:凝结一位老共产党人的爱心

【文物影像】

2004年是邓小平诞辰100周年,国家博物馆的展品中首次出现了两张特别的捐款单,金额分别为3000元和2000元,捐款人是"一位老共产党员"。这名"老共产党员"于1992年两次分别向"希望工程"和青少年发展基金会捐款,工作人员后来调查才发现这名神秘捐款人原来是邓小平。如今,这两张珍贵的捐款单已经被中国青少年发展基金会收藏,成为邓小平关心青少年教育的见证物。

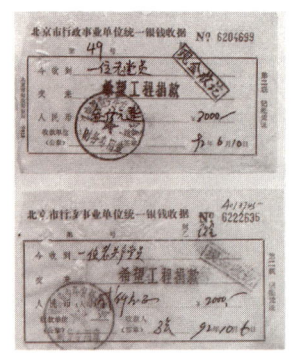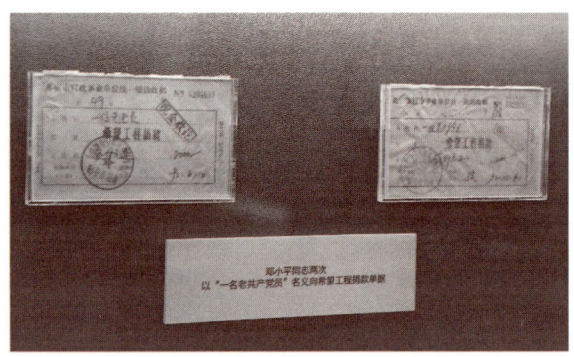

捐款收据,中国青少年发展基金会收藏

匿名捐款单：凝结一位老共产党人的爱心

【家国故事】

神秘的捐款人

1992年6月10日，两名年轻的军人来到中国青少年发展基金会捐款接待室，向"希望工程"捐出了3000元钱。在填写捐款人信息时，那两人却怎么也不肯留下姓名。最后，在工作人员的再三坚持下，他们说了一句："如果一定要留下姓名，那就写'一位老共产党员'吧！"工作人员感觉这事很奇怪，于是悄悄跟踪出去，记下了他们的车牌号码。

10月6日，这两人再次出现在中国青少年发展基金会捐款接待室，这次捐了2000元，捐款人写的是"一位老共产党员"。事后，几经周折，基金会的工作人员终于弄清楚了事情的真相。原来，那不愿意留下姓名的"一位老共产党员"就是邓小平。他委托工作人员，先后两次以"一位老共产党员"的名义，为"希望工程"捐款5000元。

这两次捐款反映出这位改革开放的总设计师对我国青少年教育事业的重视，以及他对"希望工程"的支持。其实，"希望工程"从诞生到发展壮大，都饱含着老人对青少年的期待与深情。改革开放后，我国的九年义务教育工作迅速恢复，但每年依然有数百万名青少年由于各种原因辍学，其中因家庭贫困失学的孩子就超过了100万名。这引起了邓小平的忧虑。1988年9月，他说出了这样一段语重心长的话："我们要千方百计，在别的方面忍耐一些，甚至于牺牲一点速度，也要把教育问题解决好。"①

1989年10月30日，团中央、中国青少年发展基金会联合向全社会宣布，以救助贫困地区失学少年儿童为目的，发起建立我国第一个救助贫困地区失学少年儿童基金。这项旨在让千千万万的失学孩子重返校园读书的

---

① 《邓小平文选》第三卷，人民出版社1994年版，第275页。

自从有了党
——文物背后的家国故事

工程被称为"希望工程"。

"希望工程"从诞生之日起，就寄托了邓小平无限的关注和情怀。1990年9月5日，他欣然题写了"希望工程"四个苍劲有力的大字。1992年4月，邓小平为"希望工程"的题词在《人民日报》等媒体发表后，引起了国人对希望工程的极大关注，由此也揭开了"希望工程——百万爱心行动"的序幕。

1992年青基会实施的"希望工程——百万爱心行动"首次以"一助一"结对子的方式展开助学行动。捐款20元即可帮助一位失学儿童完成一学期的学业，捐款人与受助人通过邮局统一发行的明信片实名对接。"希望工程"的前三年，累计救助失学儿童3万名，而"百万爱心行动"实施当年，救助规模就突破了30万名。

就在这项活动进入高潮的时候，青基会捐款室收到了"一位老共产党员"送来的3000元捐款。10月，他们再次收到"一位老共产党员"2000元的捐款。

春天故事的续篇

经过讨论，中国青少年发展基金会决定将这5000元捐款用于小平同志早年战斗过的广西百色地区。1929年12月，邓小平亲自组织领导和发动了百色起义，创建了红七军和右江革命根据地，并建立起右江苏维埃政权。最终，邓小平的捐款被用于救助广西百色市平果县希望小学25名壮族和瑶族的失学儿童。

1992年底，青基会组织首都记者赴广西考察，记者们听说了这个故事后，希望向海内外披露这一消息。于是，青基会按照规定向中共中央办公厅递交报告，恳请批准对邓小平向希望工程捐款一事予以报道。青基会很快收到答复：不予报道。

匿名捐款单：凝结一位老共产党人的爱心

原中国青少年发展基金会副理事长徐永光后来在接受媒体采访时回忆说："一位在全国人民心目中享有崇高地位的领袖，他的示范力量是无比巨大的。"徐永光还是期待媒体能够报道此事，他找到一位新华社记者商量：新闻稿可以标注消息来源为中国青少年发展基金会，出了问题由他个人负责。新华社通稿很快发出来了，包括《人民日报》在内的各大报纸都在抢眼位置刊登了这一新闻。

"第二天，中共中央办公厅就打来电话追查此事。但是，小平同志资助希望工程的号召力很快显现出来，当时的党和国家领导人几乎都派人送来了捐款，而民间捐款数额也显著增多。"徐永光说。

当百色市平果县希望小学得知邓小平捐款的消息后，整个学校都沸腾了。后来，他们给邓小平写了一封感谢信："当我们得知您以'一位老共产党员'的名义向'希望工程'捐赠了5000元钱，又得知中国青少年发展基金会把这笔钱用于救助我们百色革命老区的失学孩子时，我们激动地哭了……我们感到，虽然您住在北京，离我们好远好远，但您的心与我们贴得好近好近。"[1]

孩子们的这封信经青基会等相关部门，最后交到邓小平手里。多年以后，徐永光听邓小平的女儿邓榕说："父亲是在一次全家人一起吃饭时听大家议论希望工程，当即表示要捐款。后来，娃娃们的感谢信他也看到了，父亲非常高兴。"[2]

如今，邓小平捐款资助的25个孩子中，有11人考上了大学。其中，周标亮2000年大学毕业后选择回母校平果县希望小学任教。2005年3月，凭借出色的教学工作和对学生高度的责任心，周标亮当选为平果县希望小

---

[1] 李菡丹：《点燃民族希望之火——邓小平与希望工程》，《中华儿女》2014年第16期，第24页。

[2] 同上。

自从有了党
——文物背后的家国故事

学校长。

2004年,邓小平诞辰100周年之际,遵照邓小平同志的嘱托,家人把他生前的全部稿费140多万元捐献出来,设立了中国青少年科技创新奖励基金。那一年,这两张捐款单出现在了国家博物馆的展览中。一家媒体写道:这是春天故事的续篇,也是发生在难忘的1992年,他两次为"希望工程"捐款,署名总是"一位老共产党员"……

为什么早在三十年前,中国就有了关于 VR 技术的预言?
钱学森为什么建议 VR 取名为"灵境"?

钱学森书信:预言 VR 技术

【文物影像】

2021 年 10 月 19 日,在世界 VR 产业大会上,一位科学家预言:虚拟现实技术将是人类计算机革命之后的又一个技术革命。

虚拟现实技术(Virtual Reality,VR)源自美国,它其实有一个好听的中文名:灵境。给这项技术命名的人就是我国著名科学家钱学森,钱老在三十多年前就非常关注这项前沿技术,而且富有前瞻性地指出,"它能大大扩展人脑的知觉,因而使人进入前所未有的新天地,新的历史时代要开始了"。

钱学森书信《用"灵境"是实事求是的》,上海交通大学图书馆馆藏

自从有了党
——文物背后的家国故事

【家国故事】

三十多年前给 VR 取名"灵境"

1990年11月27日,钱学森给时任国防科工委的技术专家汪成为写了一封信,信中建议他将 Virtual Reality 技术翻译为"灵境",因为这个名字"中国味特别浓"。Virtual Reality 如果直译为中文便是"虚拟现实",这项技术最早于20世纪80年代出现在美国。1990年,在美国达拉斯召开的一次国际会议首次对 VR 技术进行了讨论,并首次对其进行了定义。几乎是在同时,中国的科学家就开始研究这项技术,并且受到了钱学森的关注。钱老在信中给它取了个"中国味特别浓"的名字:灵境。

1993年7月3日,钱学森再次给汪成为写信讨论他对灵境技术的兴趣。此时的汪成为正致力于研究灵境技术。钱老在信中说:"我对灵境技术及多媒体的兴趣在于它能大大扩展人脑的知觉,因而使人进入前所未有的新天

钱学森致戴汝为、汪成为、钱学敏的信

钱学森致全国科技名词审定委员会办公室的信

地，新的历史时代要开始了！我们应该高兴呵！"在 VR 研究刚刚兴起的 20 世纪 90 年代初，钱老有这样的判断，足见他的科学眼光。

1994 年 10 月 10 日，钱学森给戴汝为、汪成为、钱学敏三位科学家写信，再次讨论灵境技术。他在信中明确指出："灵境技术是继计算机技术革命之后的又一项技术革命。它将引发一系列震撼全世界的变革，一定是人类历史中的大事。"

1998 年，钱学森给全国科技名词审定委员会办公室写信，再次强调用"灵境"来指虚拟现实技术是实事求是的。他说，我们的传统文化正好有一个表达虚拟现实技术的词——"灵境"，因为这个"境"是虚的，不是实的，所以用"灵境"比"临境"好。

三十多年后，灵境技术已经在各大领域崭露头角，成为许多科学家预测的未来革命性技术之一。2018 年，我国发布了《关于加快推进虚拟现实产业发展的指导意见》，并将虚拟现实产业发展列入"十四五"规划纲要进行顶层设计。目前，该技术在医疗、文旅、教育、电影、电竞、直播等行业的应用层出不穷，正在成为赋能千行百业的重要推手。随着大数据、人工智能等技术融入 VR 技术，未来的虚拟现实将更加逼真和智能化，给整个社会带来巨大变革。

喜欢琢磨新词的科学家

事实上，钱学森不只为虚拟现实技术取名，在航天事业创建及发展过程中，很多名称如导弹、航天、航天员等，都是他命名的。

钱学森刚回国不久，我国还没有"导弹"一词，最初的中译名有三个："火箭武器""可控火箭"，以及使用得比较多的"飞弹"。针对当时国内报纸把导弹翻译成"飞弹"的情况，钱学森在一次演讲中说：我想最好把飞弹改成为导弹。所有的弹，不管是炮弹、枪弹都是飞的。我们讲飞弹与炮

自从有了党
——文物背后的家国故事

弹不同,就是它在飞行过程中是有控制的,或者是有制导的,让它去什么方向是在控制之下,所以叫导弹就比较合适一点。[①]

他首创的"导弹"一词,说明了两层含义,既表示可以遥控,可以引导,又表明是一枚炸弹,应该是最贴切的翻译。

在钱学森提出"航天"一词之前,国内把航天器在大气层以外的航行、探测等活动称为"宇宙航行",简称"宇航"。但钱学森意识到,在相当长的时间内,人类的空间活动只能局限在太阳系内,"宇宙航行"不免夸大。

经过多方面综合考虑,他在1967年9月11日举行的返回式卫星方案论证会开幕式讲话中,首次提出了"航天"一词。他说,自己最初是从毛泽东诗句"巡天遥看一千河"中得到启示。"人类在地球大气层之内的飞行,叫作'航空',在地球大气层之外的飞行称为'航天'。"

1982年5月4日,第五届全国人大常委会第23次会议决定,将"第七机械工业部"改名为"航天工业部",标志着"航天"这个词被国家最高立法机关采纳。现在,"航天"一词已经被广泛使用。

另外,"航天员"一词也是钱学森提出来的。国外一般将航天员称为"太空人"或者"宇航员"。钱学森说:"我们还是叫'航天员'好。因为我们有天、海、空的领域划分,这样称呼比较规范。"事实证明,"航天员"这个称呼不仅符合我国载人航天事业的具体情况,更加适合汉语习惯。

中华民族知识分子的典范

钱学森能够"发明"这么多既符合实际情况,又具有浓浓"中国味"

---

① 杜名馨、付毅飞:《导弹、航天……没想到,这些名字都出自钱学森!》,科技日报官方媒体号,https://baijiahao.baidu.com/s?id=1718823651975421086&wfr=spider&for=pc。

的新词，除了与他的科学严谨精神有关外，还离不开他的文化艺术修养。事实上，钱学森一直提倡"文艺"与"科学"相结合。他认为，文艺创作、文艺理论、美学以及各种文艺活动属于"性智"，自然科学、数学科学、系统科学等科学部门属于"量智"。"性智"与"量智"之间相互促进，密不可分。

1995年11月，钱学森在给南京大学中文系一名青年博士后的信中，对科学与艺术相结合的思维过程做了具体而精彩的分析：

科学工作是源于形象思维，终于逻辑思维。形象思维是源于艺术，所以科学工作先是艺术，后才是科学。相反，艺术工作必须对事物有个科学的认识，然后才是艺术创作……科学需要艺术，艺术也需要科学。

2005年7月29日，时任国务院总理温家宝看望因病住院的钱学森。当二人谈及科学人才的培养问题时，钱学森说："一个有科学创新能力的人不但要有科学知识，还要有文化艺术修养。没有这些是不行的。小时候，我父亲就是这样对我进行教育和培养的，他让我学理科，同时又送我去学绘画和音乐。就是把科学和文化艺术结合起来。我觉得艺术上的修养对我后来的科学工作很重要，它开拓科学创新思维……"[①]

当然，钱学森在科学新词方面的造诣，最主要还是源于他作为一名知识分子的担当和家国情怀。即使在他退休后，依然关注着祖国各大科学领域的发展情况，频频写信与科技界交流。2008年，钱学森步入97岁高龄。这年年初，他被"感动中国"组委会评为2007年"感动中国年度人物"。颁奖词这样写道：

"在他心里，国为重，家为轻，科学最重，名利最轻。五年归国路，

---

① 奚启新著，杨亮改编：《钱学森画传》，上海交通大学出版社、人民出版社2012年版，第341页。

自从有了党
——文物背后的家国故事

十年'两弹'成。开创祖国航天,他是先行人,披荆斩棘,把智慧锻造成阶梯,留给后来的攀登者。他是知识的宝藏,是科学的旗帜,是中华民族知识分子的典范。"

1997

党的足迹

党的十五大

1997年9月12日至18日,中国共产党第十五次全国代表大会在北京举行。大会通过报告《高举邓小平理论伟大旗帜,把建设有中国特色社会主义事业全面推向二十一世纪》。大会首次使用"邓小平理论"这个概念,把这一理论作为指引党继续前进的旗帜。大会强调,坚持党的十一届三中全会以来的路线不动摇,就是高举邓小平理论旗帜不动摇。大会提出了党在社会主义初级阶段的基本纲领,阐明了建设中国特色社会主义的经济、政治、文化的基本特征和基本要求。

——《中国共产党简史》

香港回归中国政权交接仪式幕后有哪些细节故事?

李向群的救生衣上面,为何写着两个人的名字?
牺牲后,他的家庭发生了哪些变化?

交接仪式流程表：
见证"一国两制"伟大构想的实践

【文物影像】

香港政权交接仪式流程表，中国共产党历史展览馆馆藏

【家国故事】

  1997年6月30日午夜至7月1日凌晨，香港会议展览中心灯火辉煌，举世瞩目的中、英两国政府香港政权交接仪式在这里的五楼大会堂隆重举行。两年多后，澳门回归，政权交接仪式在澳门综艺馆隆重举行。香港和澳门这两个在外飘荡了多年的游子，于20世纪的最后几年回归祖国怀抱，

自从有了党
——文物背后的家国故事

开启了历史的新纪元。二十多年过去了，当年在政权交接仪式和庆典活动中使用过的流程表被中国共产党历史展览馆收藏，成为那次历史事件的光荣见证。

香港交接仪式流程表和特区政府成立暨宣誓就职仪式的流程表不仅浓缩了那一夜的难忘时光，还体现了活动筹委会对各种细节的考虑。

香港回归庆典活动筹备和实施工作涉及不同国家、地区和文化，受到全世界关注。这是一项系统性的大工程，涉及外交部礼宾司、国防部外事办公室、国务院港澳办等国内机构，整个策划组织过程受到中央领导的高度重视和香港各界的大力支持。

为了选择最佳、最安全的场所来举行香港政权交接仪式，工作人员查阅了过去二十年的气象资料，经过缜密分析和研究，推测出香港政权交接当天下雨的可能性很大。这一情况报告上去后，中央领导迅速批示，要求说服英方改变原来准备在露天举行仪式的计划。交接仪式改为室内举行后，最初准备定在红磡体育馆举行，但中方人员在前期勘察过程中，发现红磡体育馆在安全方面存在较大隐患。筹委会经过多方研究，最后将活动场所转移到尚在建设中的香港会展中心。香港会展中心承建商得知这一情况后，立即重新制订工作计划，加快了香港会展中心的建设进度，仅用一年多时间就高质量完成了会展中心的建设，确保交接仪式如期举行。

香港回归是国际社会瞩目的大事，希望亲临现场参加庆典的人很多，而举办活动的香港会展中心大会堂最多只能容纳 3000 人。按照统筹兼顾、体现广泛代表性的原则，中央研究决定出席活动的嘉宾主要由四方面人员组成，即中央代表团与内地观礼团成员、英方代表、香港各界代表、中央驻港机构代表和中资企业代表。并经过反复研究确定了各个方面所占的比例。筹委会先后发出了三批邀请函，根据答复情况确定了最终嘉宾名单后才正式发送请柬。仪式当天，整个会场内座无虚席，气氛隆重而热烈。

交接仪式流程表：见证"一国两制"伟大构想的实践

政权交接仪式完成后，香港特区成立暨特区政府宣誓就职仪式紧随其后举行，部分参加完交接仪式的嘉宾需要在很短的时间内赶到新的活动场地，并立即就座。为了方便嘉宾迅速找到座位，组织方除了在请柬中附上座次表外，还专门设计了一套电脑查询软件。仪式举办当天，工作人员在现场设置了查询台，通过示意图和查询软件为嘉宾服务，并安排专人引领，确保3000多名嘉宾在规定的时间内有序就座。

安排特区政府宣誓就职仪式时，原先计划用普通话宣誓，后来考虑到部分特区政府官员，特别是许多法官不会讲普通话，而英文和中文都是基本法规定的官方语言，为避免出现部分官员因不懂中文而无法宣誓的尴尬场面，中央政府以博大的胸怀果断决定：宣誓时可任意选择这两种官方语言中的一种。

这一决定受到香港同胞的赞赏，宣誓活动得以顺利进行。

李向群的救生衣上面，为何写着两个人的名字？

牺牲后，他的家庭发生了哪些变化？

李向群的救生衣：
记录抗洪勇士父偿子愿的故事

【文物影像】

李向群的救生衣，中国人民革命军事博物馆馆藏

这件橙色的救生衣，上面写着两个人的名字，一个是李向群，另一个是李德清。1998年，长江流域发生特大洪涝灾害，广州军区某集团军战士李向群奉命随部队赶赴湖北灾区抗洪。在公安县南平镇堤段的抗洪保卫战中，这位20岁的年轻战士先后4次晕倒在大堤上，终因劳累过度抢救无效牺牲。李向群牺牲后，父亲李德清穿上儿子生前的救生衣，替儿子上堤抗洪……

【家国故事】

梦想当兵的"富二代"

1978年，李向群出生于海南省琼山市东山镇，这里曾是著名的琼崖革

李向群的救生衣：记录抗洪勇士父偿子愿的故事

命根据地，他从小就受到革命传统的熏陶。20世纪80年代，东山镇以服装加工出名。李向群家也成立了家庭作坊式的服装加工厂，父亲李德清和母亲王立琼专门做女士裤子，批发到琼海等周边地区。生意最红火的时候，家里有六七十个工人。

没过多久，他们家的生活变得富裕起来，盖起了村里最早的两层"小洋房"，还买了全村第一台电视机。李向群成了那个时期的"富二代"。

按照我国家族企业的传统做法，子女们一般都从小就开始锻炼自己的经商本领，为以后继承家族企业做准备。然而，李向群从小的梦想就是当兵。

"我们家过去很穷，改革开放后才富起来，当时家里6个成年人都在做生意，没有参军的，很想为国家做点事。"李德清接受媒体采访时回忆说。

1996年秋天，李向群如愿拿到了入伍通知。李德清记得，当时，向群几乎是"跳着舞"回家分享这一喜讯的。年底，他就成为原广州军区"塔山守备英雄团"九连一班的一名战士。

1998年8月4日，正在家乡探亲的李向群从电视里看到长江流域发生洪水的新闻后，立即终止休假赶回驻守在广西桂林的部队，次日即随部队奔赴湖北省公安县参加抗洪抢险。7日凌晨，李向群和全连官兵刚下车，来不及休整就奔上大堤，投入加固堤坝、压制大堤散渗的抢险战斗中。

夜深了，劳累一天的官兵进入了梦乡。李向群和班长王绍爬起来巡

正在抗洪一线的李向群

自从有了党
——文物背后的家国故事

堤,当他俩巡查到荆江大堤大口村段时,在稻田里发现一处直径达31厘米的特大管涌,喷出的浊水将碗口大的卵石冲起半米多高,情况万分危急!

"快发信号!"李向群大喊一声,随即冲向附近的一堆沙袋,抱起两袋就往管涌口堵,泥沙喷了他一头,冲起的卵石砸伤了他的手,但他仍死死地用身体压住沙包,直到增援部队赶来。天亮后,在附近稻田里又相继发现多处管涌,排长让李向群休息一会儿,他却说:"这个节骨眼上下去,还叫什么突击队员?"说完扛起沙袋,又投入围堰排险的战斗中。

8月14日,李向群火线入党。抗洪期间,李向群带病顽强拼搏,4次晕倒在大堤上,后因过度劳累壮烈牺牲,年仅20岁。此时,距离他入党仅8天。

李向群用短暂却辉煌的人生,诠释了军人的责任和担当。原广州军区授予他"抗洪勇士"荣誉称号,并命名他生前所在班为"李向群班",所在连为"李向群连"。1999年,中央军委授予李向群"新时期英雄战士"荣誉称号。2018年李向群成为全军挂像英模,2019年荣获"最美奋斗者"称号。

英雄离开之后

1998年8月22日上午,李向群因心力衰竭,肺部大面积出血,抢救无效而没能醒过来。当天下午,李向群的父亲李德清在海南老家接到了部队的电话,说李向群病重,让他们第二天赶到武汉。

当天晚上,李德清心乱如麻,一宿未眠。第二天抵达武汉后,汽车载着李德清夫妇来到部队礼堂。母亲王立琼看到建筑外挂着"追悼李向群同志"几个大字,脚一软,差点儿晕过去。

李向群的救生衣：记录抗洪勇士父偿子愿的故事

告别遗体后，25日，李德清夫妇赶往荆州。26日，抵达李向群生前所在部队驻地。他们的唯一要求，就是留下来，替儿子抗洪，完成他未尽的心愿。李向群牺牲的第五天，父亲穿上儿子的迷彩服、救生衣，和李向群的战友们一道在大堤上抗洪抢险。

当得知火线入党的儿子还没有来得及交纳党费时，李德清掏出2000元钱，代儿子交了第一次也是最后一次党费，并将收到的两万元慰问金，全数转赠给了灾区群众。

李德清没有因为失去儿子而一蹶不振。他跟随李向群事迹报告团，去部队、机关等单位作巡回报告。他几乎每年都会去儿子生前所在部队，参与部队组织的纪念活动，或者到海南的驻军部队作报告，与年轻的官兵们座谈。

他们家二楼有一个60多平方米的大房间，曾经是家里服装厂的加工场地。从1999年起，李德清停掉服装厂，卖掉缝纫机，投入几万元把这间屋子布置成荣誉室。里面陈列着李向群从小时候到当兵期间的各种照片，以及他牺牲后党和国家颁发的各类奖章、证书、锦旗等实物，供附近学校师生和群众参观。

作为英雄的父亲，李德清不仅严格要求自己，而且时常教育李向群的哥哥和两个姐姐，要求他们珍惜家庭的荣誉，踏踏实实做人，认认真真做事，努力做一个对国家和社会有用的人。

2007年，李向群的堂弟李向琛决定追随哥哥的脚步去当兵。临行前，李德清

李向群生前与父亲李德清的合影

自从有了党
—— 文物背后的家国故事

叮嘱他，要以哥哥为榜样，争做优秀士兵，李向琛也不负嘱托，在李向群生前部队服役五年，多次评优立功，并担任了"李向群班"的第十任班长。

如今，已经年逾古稀的李德清担任向群小学的名誉校长，不仅积极支持学校建设，而且悉心培养孩子们爱党爱国的信念。老人以这种方式怀念自己的孩子。只要精神在，李向群就没有走远，他永远活在人们的心中。

2002

党的足迹

党的十六大

2002年11月8日至14日,中国共产党第十六次全国代表大会在北京举行。江泽民作《全面建设小康社会,开创中国特色社会主义事业新局面》的报告。大会提出全面建设小康社会的奋斗目标。大会把"三个代表"重要思想同马克思列宁主义、毛泽东思想、邓小平理论一道,作为党必须长期坚持的指导思想写入党章。

——《中国共产党简史》

中国的入世谈判,为何长达15年?

中国的入世谈判，为何长达15年？

"英雄"金笔：写下15载入世艰辛

【文物影像】

2001年11月11日晚上7点30分，北京时间12日零时30分，卡塔尔首都多哈。在镁光灯的聚焦下，时任中国外经贸部部长石广生用那支国产"英雄"金笔，在厚达1000多页、重10公斤的中国加入世界贸易组织议定书全权证书上郑重地签下了自己的名字。会场上掌声响起，一个具有历史意义的画面在此定格，这也标志着新中国历时15年的"复关"和"入世"马拉松终于胜利地抵达了终点。

入世签字笔，中国国家博物馆馆藏

自从有了党
——文物背后的家国故事

【家国故事】

"没有改革开放,就没有中国加入世贸组织的可能"

1986年7月10日,中国向关贸总协定递交了恢复中国关贸总协定缔约国地位申请书,艰难的"复关"和"入世"之路由此迈开了第一步。复关,也就是恢复中国关贸总协定成员国地位。为什么称为恢复?这里有其历史根源。

1971年,中华人民共和国恢复了在联合国的合法席位。当时的关贸总协定是一个与国际货币基金组织、世界银行等类似的国际性经济组织,中国只需要写一份申请就能加入。但是,当年我国相关部门认为这个组织是"富国俱乐部",而且其会员国主要是搞市场经济的资本主义国家,中国当然不能参与。

中国加入世贸组织签字仪式

直到1986年,随着改革开放的实施,我国对外贸易总量进一步扩大,于是中央决定要参加关贸总协定,并于当年7月10日就向关贸总协定递

"英雄"金笔:写下 15 载入世艰辛

交了申请书。1995 年,原来的关贸总协定(GATT)变成了世界贸易组织(WTO),"复关"谈判变成了"入世"谈判。此后,又经历了曲曲折折的六年。正如朱镕基所言:"从黑头发谈成了白头发。"①

回顾这段经历,原外经贸部部长石广生曾对媒体说:"没有改革开放,就没有加入世贸组织的可能,而中国加入世贸组织,也有力地促进了中国的改革开放。"

1992 年,邓小平南方谈话明确指出:"计划多一点还是市场多一点,不是社会主义与资本主义的本质区别。计划经济不等于社会主义,资本主义也有计划;市场经济不等于资本主义,社会主义也有市场。计划和市场都是经济手段。"同年 10 月,党的十四大明确提出我国经济体制改革的目标就是建立社会主义市场经济体制。这为入世谈判扫清了最大障碍,双方在市场经济上找到了共同点,并开始对话。

作为中方谈判人员的主帅,石广生参与并组织了中国加入世界贸易组织的最后谈判。他认为加入 WTO 的谈判一直是在党中央、国务院的直接领导和指挥下进行的,外经贸部只是进行了具体工作。但是,这些具体工作也足够艰巨了。"你得坚持原则,守住底线,该说硬话的时候要敢说硬话,但又不能把人谈跑了,跑了就不好收场了,中央的方针还要具体谈成,这种分寸如何拿捏,要靠临场的判断,这是我们最伤脑筋的。在谈判过程中,能多争取一点就多争取一点,这是我们的职责。"②

用"英雄"金笔记录历史性时刻

2001 年 11 月 11 日晚,卡塔尔首都多哈喜来登饭店的马佳利斯大厅灯

---

① 1999 年 3 月 15 日,时任中国总理朱镕基在中外记者招待会上所言。
② 陈晰:《石广生:无悔而幸福的外贸人生》,《中华儿女》2010 年第 3 期,第 40 页。

自从有了党
——文物背后的家国故事

火辉煌。这里成为中国签署加入世贸组织议定书的会场。

晚上7点30分，石广生走进会场并庄重地在《中华人民共和国加入世界贸易组织议定书》文本最后一页签上了"石广生"三个字，随后递交了中国国家主席签署的中国加入世贸组织批准书，完成了加入世贸组织的程序。会场上响起了长时间的掌声，这一画面被媒体传到国内，引起一阵沸腾。

石广生签字使用的是一支18K金笔，笔身采用中国古老的点螺工艺，配以红木雕花底座，既精美又富有民族特色，既古朴典雅又庄重大气，是当年英雄金笔厂专门为中国入世打造的。据上海英雄（集团）有限公司相关负责人回忆，在距离签约不到一个月的时候，他们接到一项特殊任务：外经贸部长石广生将前往多哈，需要用笔。他们立即准备方案，"用到了两种工艺，红木雕刻和大漆点螺。大漆点螺是一个中国传统古典工艺，将我们吃的生蚝的壳磨成薄片，镶在大漆中，然后打磨"。

最终，他们的方案入选。时间紧张，上海英雄金笔厂将车工、抛光等200多种复杂工序分解到每一个人，仅用4天时间就完成了入世签字笔的生产任务。他们一共做了四支笔，三支送往北京，剩下的一支被英雄集团收藏。送往北京的这三支金笔代表着当时国内制笔的最高水平，颜色分别为紫红色、银色镂空和金花。

签字仪式结束后，这三支金笔分别由中国革命历史博物馆（现在的中国国家博物馆）、外经贸部和石广生本人保存。

2017年，"大英博物馆100件文物中的世界史"展览在中国国家博物馆举行。面对100件精美文物，国博选择"宣布中国重返世贸组织的木槌和签字笔"作为第101件展品。时任国博负责人说，这是因为它显示了当代中国融入经济全球化的努力，以及始终对世界敞开中国大门，为全球经济稳定、增长做出贡献的意愿。

2007

党的足迹

党的十七大

2007年10月15日至21日,中国共产党第十七次全国代表大会在北京举行。大会正式代表2213人,特邀代表57人,代表全国7300多万名党员。大会通过报告《高举中国特色社会主义伟大旗帜,为夺取全面建设小康社会新胜利而奋斗》。大会对科学发展观的时代背景、科学内涵、精神实质和根本要求进行了全面系统的论述。大会对改革开放的宝贵经验作了"十个结合"的精辟概括,阐述了中国特色社会主义道路的基本内涵,首次提出中国特色社会主义理论体系的概念并作了概括。

——《中国共产党简史》

14名空降勇士冒死进入震中,经历了哪些生死考验?
在震中的七天七夜里,他们如何为后续救援打开生命通道?

从2008年奥运到2022年冬奥,北京两届奥运志愿者有哪些不同?

14名空降勇士冒死进入震中,经历了哪些生死考验?
在震中的七天七夜里,他们如何为后续救援打开生命通道?

李振波的请战书:
为汶川地震救援打开一条生命通道

【文物影像】

李振波的请战书,中国国家博物馆馆藏

"军党委:

我叫李振波,现任军研究所所长,惊悉四川汶川地区发生强烈地震,灾区人民正面临着严重的生命危险,在这紧急关头,在灾区最需要我们人民子弟兵的时候,我作为一名空降老兵责无旁贷地深入灾区一线实施救援行动。为此,我向军党委请战,担负先遣小分队队长,有能力、有决心带领小分队使用高空翼伞,空降深入地震的核心地区,

自从有了党
——文物背后的家国故事

坚决完成党和人民赋予我的救灾任务，誓死保护群众生命安全。

李振波

2008年5月13日"

这是空军大校李振波在汶川地震发生后写下的请战书，他向军党委请战，担任先遣小分队队长，带领小分队使用高空翼伞，空降深入地震的核心地区。5月14日11时24分，他带领14名空降勇士，从近5000米高空"盲跳"，成为首批进入震中区域的部队，为救援打开了第一条生命通道。

【家国故事】

"少一个也不行"

5月14日11时24分，一架大型运输机从成都某军用机场起飞，飞向此次地震重灾区四川茂县。这是空军首次在高原复杂地域，无地面指挥引导、无地面标识、无气象资料条件下运用伞降的方式参加抗震救援。

茂县为高山峡谷地形，可供空降的地域十分狭小，境内山峰多在海拔4000米左右，他们必须在5000米以上的高空跳伞。在"三无"的情况下，对于通常在数百米高空跳伞训练的伞兵而言，这无异于生死"盲跳"。但他们必须这么做，通往震中的救援通道被堵，他们肩负着打开生命通道的重任，每耽搁一分钟，可能就有一个生命消逝。

执行这次任务的是一支直属于空军总部的王牌空降兵部队，队长李振波是一名从事空降空投事业多年的老伞兵，被外军誉为"中国重装空投之父"。这次跟着他来的，很多也是他带出来的精英。

虽是"盲跳"，但不是盲目地跳。正如李振波在请战书中所言，"有能力、有决心带领小分队使用高空翼伞，空降深入地震的核心地区"。这种

李振波的请战书：为汶川地震救援打开一条生命通道

信心源于平时严格的训练，据李振波介绍，他们平时的训练科目里有一项叫"踩点"，一个可称骨干的伞兵，从1000多米高空跳下来，能够准确无误地踩到画在地上的一个直径不到10公分的靶心。

空降最初选择在13日，但因为天气实在恶劣，只好放弃。后来，李振波在接受记者采访时说："13日那天在震中上空飞了一圈，天气条件实在太恶劣，部队首长也说过，要在具备基本的跳伞条件下才跳，不能大规模伤亡……所以，飞机飞了一圈，又回到了太平寺机场。"

尽管他们面临着生死考验，但士兵们没有一个害怕的。"第二次起飞前，他们都写下了决心书，誓死完成任务。可我不能不怕。"李振波说，他最怕的就是带着那些年轻的士兵上了飞机，却没有把他们带回来，"少一个也不行，那样，实在无法向他们的父母交代。"

赶赴地震灾区的空降兵"十五勇士"

"从天上跳下来，最大的作用是稳定民心"

11时47分，茂县上空的云层终于露出了一丝缝隙。机不可失，李振

自从有了党
——文物背后的家国故事

波第一个跳出机舱,他操作自己参与研制的灵活抗风的武装翼伞,带领14名空降勇士迅速飞向震中预定地域。这支15人的小分队,分两次实行空降,第一批7人,第二批8人。队员中,年龄最大的李振波48岁,最小的只有23岁。

李振波

跳伞前,李振波对他的士兵们只说了三句话:我们是黄继光的部队;国家和人民现在非常需要我们;这次跳伞有生命危险,希望你们做好心理准备。

整个降落的过程中,前1000米,李振波一直没有打开伞包,就是为了能够看到周围6人都没有出事故。幸运的是,15人没有一人严重伤亡,创造了"三无"高原跳伞的一个奇迹。

当他们落地时,同机在茂县上空盘旋的还有85名伞兵,他们使用的都是传统的圆形伞。李振波落地后发现地形和气候根本不适合圆形伞,当即使用卫星电话跟首长联系,要求取消剩余人的行动。运输机只好返回太平寺机场。

其实,在当时他们的训练中,在青藏高原上开展得并不多,一是训练

李振波的请战书：为汶川地震救援打开一条生命通道

代价太高，二是没有必要。高原跳伞最大的问题是缺氧。在这次救援跳伞中，唯一出的一个小问题就是，舱门打开后有 4 个士兵因为缺氧而晕倒，所以当时网上还有谣言说牺牲了 4 名空降兵。

跳下来的 15 人全部都落在了茂县境内一个小树林里，大部分人都挂在了树上。周边正好有个藏族村寨，老百姓从没见过空降，上百人一下子全围了过来，把他们从树上抬下来，一看是解放军，都哭了，一边哭一边说："辛苦你们了，从天上下来救我们！"

李振波说，那一刻，他才深刻地理解了人民子弟兵的含义，从天上跳下来，原来最大的作用是稳定民心，告诉他们一定要坚强，不要灰心丧气，外边全国人民都在想办法救他们呢！

他们迅速与茂县县委、县政府取得联系，当天下午 3 时左右第一次传回了茂县灾情：茂县 10 万余人受灾，死亡 95 人，伤 836 人，失踪 92 人；伤者中有 56 人是重伤，亟须转移治疗；当地两个水电站损毁严重，有决堤的危险……

这是地震发生后，茂县灾情第一次传到外界。

"坚决请求再赴灾区救援！"

此后的七天六夜里，李振波带领着 14 名勇士，一路急奔汶川。

他们每天负重 20 多公斤，带五部电台和两部海事卫星电话，却只给自己带了少量的伞兵干粮。小分队走到哪儿睡哪儿，有啥吃啥。行至汶川与茂县交界处的牟托村时，队员们被眼前的场景惊呆了：巨大的山体几乎全部滑了下来，埋住了 20 多辆车，路上还滞留了大批群众。河对岸有 47 名大学生受困，他们大多数人受伤，1 人伤势严重，此时的山体可能再次滑坡。

情况紧急，李振波赶紧上报情况，建议派直升机前来救援。队员们立

自从有了党
——文物背后的家国故事

刻勘察选点，定好坐标，指挥现场群众平整场地，画出十字形的直升机联络符号，并用对空电台与飞行员取得联系，引导直升机降落运送伤员。

当然，他们最主要的任务还是侦察灾情。他们依靠携带的两部海事卫星电话，每半小时与指挥部联系一次。在七天六夜里，他们风餐露宿、走村串户，在高山峡谷里穿行220公里，走过茂县、汶川两个县7个乡55个村庄，向上级报告灾情30多批次，为直升机开辟了8个降落点，指挥引导机降、空投20余次，为解放军全面进入"战区"打开了通道。

后来，当他们回到驻地时，15人几乎已经接近人体生理极限。李振波问他的士兵们，这次任务有什么感受？有人开玩笑说："在部队干了这么多年，终于干了一次军人该干的事情。"

出发前一天，这15人的名单其实并没有确定，大家都争着要去。于是，一封封"请战书"交到了指挥部门。第二天早上集合开始"点兵"时，被点到的15名勇士才知道，自己"请战"成功了。他们谁也没有告诉家人自己的任务，大多数人都是回来休整时才向家里打电话报平安。

这次任务回来休整没多久，队长李振波带头，15名勇士再次向上级"请战"："坚决请求再赴灾区救援！"

从2008年奥运到2022年冬奥,北京两届奥运志愿者有哪些不同?

奥运志愿者服装:中国亮丽的名片

【文物影像】

国家体育场(鸟巢)南侧地下零层和负一层,坐落着我国第一座以北京奥运会为主题的专题性博物馆——北京奥运博物馆,这里陈列着与北京奥运相关的8万多件文物,成为具有地标性的体育建筑和奥运遗产。在馆中陈列的众多文物中,有一套2008年北京奥运会赛会志愿者制服。2008年夏季,170万名奥运志愿者就是穿着这种天蓝色制服活跃在北京的大街小巷,成为当年首都最亮丽的风景线。

2008年北京奥运会志愿者服装和旗帜,北京奥运博物馆馆藏

【家国故事】

"我的青春都和奥运有关"

2008年北京奥运志愿者制服设计巧妙,造型美观。上身是长袖外套、短袖POLO衫,下身是浅灰色长裤,还有定制的太阳帽、鞋、袜子、腰包

自从有了党
——文物背后的家国故事

和水壶。最贴心的设计是裤子，考虑到北京的夏季天气炎热，裤子中间的拉链可以拉开，长裤可以变成短裤。制服为天蓝色，被人们称为"奥运蓝"。

这套制服的主人叫荆惠梓，2008年北京奥运会期间，正在中国传媒大学就读。她在炎炎夏日里，每天往返于学校和五棵松体育馆之间。当年她作为奥运志愿者全程参与了赛会服务，而令她没想到的是，志愿服务结束之后，还能再次接续与奥运的这段缘分。荆惠梓回到学校后，一次偶然的机会，她得知筹建中的北京奥运博物馆正在招聘工作人员，于是报名参加招聘考试，并如愿成为其中一员。

"我记得当时是最后一天服务，我在工作日志上写了这么一句话：就是快要到说再见的时候了，可是我不想'再见'。没有想到我这样一句话，却牵出了我与奥运之后的这个缘分，"荆惠梓接受媒体采访时说，"我的青春都和奥运有关。"

更令她想不到的是，十几年后她还会继续为北京冬奥会的举办贡献自己的力量。2018年，荆惠梓成为北京冬奥宣讲团的成员，走进学校、机关、社区，用自己的行动普及冬奥知识，讲述冬奥故事，弘扬奥林匹克精神。同时，她还创立了奥运博物馆第一个冬奥教育品牌活动"奥运说"。"奥运说"已经走进了几十所小学，带着孩子们一起体验冰雪运动的快乐。

从2009年进入北京奥运博物馆至今，荆惠梓已经在这里工作了十二年。如今，她已经是北京奥运博物馆社教部主任。2022年，随着北京冬奥会盛大开幕，荆惠梓和同事们开始了把北京奥运博物馆升级为双奥博物馆的各种筹备工作，在国际奥委会和北京冬奥组委的支持下，举办了以"共享奥运记忆 见证双奥荣光"为主题的奥运藏品全球征集活动。

"我们专注地做着一件事，就是为奥运文物建一个共同的家。"荆惠梓说。

"志愿者的微笑永远是北京最好的名片"

在北京2008奥运会闭幕式上，来自四川北川的羌族女孩李菊走进"鸟

奥运志愿者服装：中国亮丽的名片

巢"，作为北京奥运志愿者代表接受国际奥委会官员的献花。就在几个月前，"5·12"汶川地震让李菊失去了16位亲人。

当时，她已经报名北京奥运志愿者服务。发生这么大的变故，有朋友劝她：要不要考虑放弃志愿者的工作，暑期回家陪家里人？

当李菊满怀悲痛返乡探亲时，看到了来自全国各地的志愿者。他们在危楼废墟中参与救援，在不断的余震中照顾伤员，在受阻的道路旁分发食物……她最后决定：带着一颗感恩的心，做一名奥运志愿者回报社会。

经过培训和选拔，李菊光荣地成为奥林匹克大家庭饭店的一名交通咨询员。

赛后，李菊荣获了"北京奥运会残奥会先进个人""北京市十大志愿者""2008中国大学生年度人物""北京市'五四奖章'"等荣誉，还被保送北京大学读研，学业和生活都有了变化，但不变的是一颗志愿服务的心。

2019年12月，北京冬奥组委面向全球发布北京2022年冬奥会和冬残奥会赛会志愿者招募公告，已经是中央财经大学学生处教师的李菊毫不犹豫地报名参加。2021年1月14日，中央财经大学举行了2022年北京冬奥会和冬残奥会志愿服务团出征仪式。这次，李菊作为老师再一次站在了志愿者的舞台上……

"志愿者的微笑永远是北京最好的名片。我和我的学生们都愿意以志愿者的身份，继续为北京冬奥会服务。"李菊说。

还有很多志愿者，在2008年跟自己的祖国一起，经历了刻骨铭心的劫难。然后，他们擦干眼泪，走上奥运志愿者服务岗位，把最美的微笑带给全世界。

"成为一名'双奥'志愿者，我感到骄傲和幸福"

在2008年北京奥运会中，有一位特殊的志愿者，他就是已年近古稀的叶如陵。北京申奥成功后，朝阳区红十字会开展了急救培训，因为叶如

自从有了党
——文物背后的家国故事

陵是医生,懂急救,经过简单的培训后,他承担起首席急救师的任务,负责给其他人培训。奥运会期间,他在鸟巢奥运场馆参与医疗服务保障。

这并非叶如陵第一次做志愿者。1970年元旦刚过,为响应周总理提出的"最高学府要支援边疆"的号召,30岁的中国医学科学院医生叶如陵带着新婚的妻子离开北京,随援藏医疗队去了西藏,并在那里一待就是30年。

2000年,叶如陵从西藏第一人民医院副院长的岗位上退休,回到了北京,在朝阳区香河园街道西坝河西里社区定居。他了解到社区老人数量多、看病需求大的情况后,放弃了医院的高薪返聘,在街道的支持下成立了"爱心小屋",为社区开展公益服务。20余年来,他每周五下午都会到"爱心小屋"免费为居民量血压、测血糖,提供咨询服务。

叶如陵还为上海世博会、广州亚运会等大型活动提供志愿服务,曾在毛主席纪念堂担任志愿者,2014年被评为全国最美志愿者,曾获得全国首批"优秀五星级志愿者"等称号。

2022年,北京迎来了第二十四届冬季奥运会,82岁的叶老报名了北京冬奥会的志愿者服务。街道考虑再三并多次征求叶老意见,最终决定推荐叶老参加城市志愿者服务。冬奥会期间,叶如陵和许多年轻的志愿者一起,在三里屯志愿服务站点为过往的行人指路、介绍冬奥场馆,宣传冬奥知识。闲暇之余,叶如陵和年轻的志愿者打成一片,给他们讲述自己援藏经历,传授志愿服务经验。

"做一个受人民群众欢迎的好党员,把爱心和知识奉献给祖国和人民",这是叶如陵的座右铭,也是他参加志愿活动的初衷。在谈到此次参加冬奥会志愿服务的感受时,叶如陵高兴地说:"成为一名'双奥'志愿者,我感到骄傲和幸福。"

从2008年的"北京欢迎你",到2022年的"一起向未来",像叶如陵这样服务过两届奥运会的志愿者还有很多,他们将用自己的方式,继续传递奥运精神和志愿服务精神。

2012

党的足迹

党的十八大

2012年11月8日至14日,中国共产党第十八次全国代表大会在北京举行。大会通过报告《坚定不移沿着中国特色社会主义道路前进,为全面建成小康社会而奋斗》,把科学发展观同马克思列宁主义、毛泽东思想、邓小平理论、"三个代表"重要思想一道确立为党的指导思想并载入党章。党的十八大实现了中央领导集体的新老交替。新当选的中央委员会总书记习近平在十八届一中全会上指出,历史的接力棒传到了我们手里,我们一定不负重托,忠于党、忠于祖国、忠于人民,以自己的最大智慧、力量、心血,作出无愧于历史、无愧于时代、无愧于人民的业绩。从此,围绕实现社会主义现代化和中华民族伟大复兴的总任务,一系列理论创新和实践创新相继展开,中国特色社会主义新时代的大幕徐徐拉开。

——《中国共产党简史》

航母阻拦索只有少数国家才能生产，它背后有哪些技术难题？
中国的航母梦，为何直到2012年才实现？

被1枚取代的109枚公章，为何会被国家博物馆收藏？

航母阻拦索只有少数国家才能生产，它背后有哪些技术难题？
中国的航母梦，为何直到2012年才实现？

航母阻拦索：象征走向海洋的中国航母梦

【文物影像】

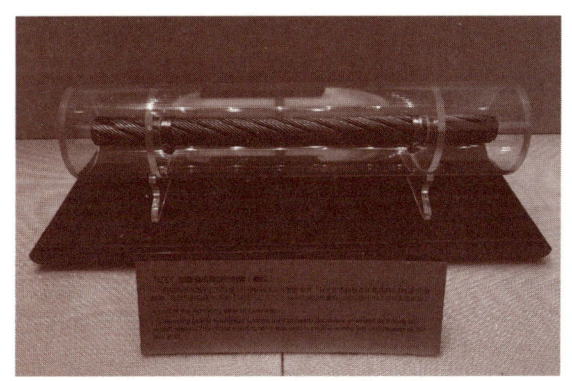

辽宁舰阻拦索，中国航海博物馆馆藏

2012年9月25日，中国第一艘航空母舰"辽宁舰"正式交付中国人民解放军海军，这标志着中国的国防工业已经取得长足进步，也标志着我国将坚定地走向深蓝，建设远洋海军。同年11月23日，歼-15舰载机首次在辽宁舰上成功着陆，这意味着辽宁舰成为一艘真正意义上的航母。

这是辽宁舰进行首次舰载机着舰试飞时所使用阻拦索的一段。它直径4公分左右，从截面可以看出内部紧密缠绕在一起的钢丝。这件看起来十分普通的展品，却代表着我国航海科技的最高水平，是无数中国军工人员独立自主、永攀高峰科研精神的结晶。

自从有了党
——文物背后的家国故事

【家国故事】

远嫁中国的"瓦良格"

这件展品的故事，还得从半个世纪前说起。

1970年4月下旬的一天，海军第七研究院接到了中央军委下达的命令：从即日起，组建航空母舰研究队伍。这是新中国成立后第一道开展航母研究的命令。第七研究院十四所（简称714所）当时的任务是：研究航母的历史、现在和未来，优缺点，关键技术等，以供领导决策参考。

2004年10月出版的《刘华清回忆录》中曾提及这次研究工作："早在1970年，我还在造船工业领导小组办公室工作时，就根据上级指示，组织过航空母舰的专题论证，并上报过工程的方案。"遗憾的是，这次相关机构对航母的研究并没能深入开展，更谈不上建造计划。

中国航母计划的推动，离不开原中央军委副主席刘华清。1980年1月，刘华清出任中国人民解放军副总参谋长。同年5月，他率团访问美国，美方安排他们参观了"小鹰"号航空母舰。这是中国人民解放军和科技人员首次踏上航空母舰，美军航母的气势规模和作战能力给刘华清留下了深刻印象。从那以后，他便致力于实现中国的航母梦，成为我国支持航母计划的代表人物。

但上马航母这种超级军事工程，不仅需要上层的决心，更需要超强的经济和科技实力作为支撑。可以说，它是一国军事与科技实力的象征。有人计算过，一个航母战斗群的花费约为100亿美元，两个航母战斗群就是200亿美元。日常的训练、维护、修理和燃料费用每年大约20亿美元。如此巨大的开销，在中国人刚刚解决温饱问题的七八十年代是不可想象的。

到了20世纪90年代，发展中国航母的计划虽未大步推进，但有一些事情正在悄悄发生变化。

航母阻拦索：象征走向海洋的中国航母梦

1992年初，一位中国教师与乌克兰造船学院的同行交流时，对方提到自己国家的航母造不下去了，就放在学校附近，邀请老师有空过去看看。从乌克兰回来后，这位老师向上级汇报了此事。3月，一个由造船技术专家和军方代表组成的航母考察团抵达乌克兰小城尼古拉耶夫。他们即将考察的这艘航母，就是"瓦良格"号。当时，全舰已从船台下水，建造工程已经完成60%，有些大型设备已经装上。乌克兰方面因为资金问题，建造工程停摆，正在积极寻找买家。

经过仔细研究，考察团得出结论："瓦良格"号性能很好，值得买。乌克兰方面愿意卖。后来的故事大多数人都知道，经过一番曲折，这艘乌克兰航母最终于2002年3月停入中国大连港。此时，距离1992年考察团首次见到"瓦良格"号已经过去了整整十年。经过十年发展，中国的GDP总量翻了三番。

歼-15着舰瞬间

破茧而出的"辽宁舰"

2005年4月，在抵达中国三年后，"瓦良格"号被6艘大马力拖轮拖进了刚竣工不久的大连造船厂30万吨级船坞。此时，"瓦良格"号舰底厚

自从有了党
——文物背后的家国故事

厚的海洋生物被彻底清理，螺旋桨、舵面等部件被检修一新，全舰表喷涂防腐材料。8月，身着中国海军浅灰蓝的"瓦良格"号重新出现在码头。

辽宁舰雄姿

也是从2005年起，"瓦良格"号开始内部改装，这一过程平静而漫长。2011年7月，"瓦良格"号的烟囱里冒出了黑烟，同时，大量海军人员列队登舰。当年的"八一"建军节，中国航母成为人们关心的热点，到大连的机票一票难求，全国各地的军事迷纷纷飞赴大连等待"瓦良格"号试航。

就在那年1月，被誉为"中国航母之父"的刘华清在北京逝世，他还是未能看到中国航母启航。他在回忆录中写道："欣慰的是，对于我国的航空母舰发展，我尽了一些谋划的责任。"[①]

2012年9月23日，这艘中型航母终于破茧成蝶，在大连举行了交船仪式。9月25日，国防部宣布其正式更名为"辽宁号"，并交付中国人民解放军海军。

两个月后，一张航母甲板工作人员指挥舰载机起飞的照片走红网络。

---

① 刘华清：《刘华清回忆录》，解放军出版社，2007年第2版，第481页。

航母阻拦索：象征走向海洋的中国航母梦

照片中身穿黄色夹克的指挥员引导飞机起飞的姿势被网友们称为"航母STYLE"，一时间人们纷纷模仿。这张照片的走红，反映出人们对实现航母梦的欣喜，对人民海军走向深蓝的自豪。

航母梦的背后，是无数军工和科研人员的汗水。从2002年"瓦良格"号来华，到2012年"辽宁号"入列，整整用了十年时间。其间经历了无数技术攻关，仅从航母甲板上的一根阻拦索，就可见一斑。

阻拦索，也被称为舰载机着舰的"生命之索"。舰载机在航母甲板上降落时，尾部的钩子会钩住安装在甲板上的阻拦索，飞机在阻拦索的巨大拉力下迅速停稳。辽宁舰甲板上一共有四道阻拦索，每道阻拦索之间相距十几米。也就是说，舰载机在着舰时，必须在这50多米的距离里钩住阻拦索。舰载机降落的时候，至少要保持150千米/小时以上的起飞速度，这样，一旦没有钩住阻拦索，舰载机可以立刻复飞。因此，阻拦索需要在数秒内拉住高速运动的、重达几十吨的舰载机，这对其强度和柔韧性要求极高。

正因为对材料和工艺的要求极高，阻拦索成为不折不扣的高科技产品，目前也只有少数几个国家能够生产。因此，阻拦索的生产技术是国家级的核心机密。当中国国防部公布改造"瓦良格"号的消息时，就有西方媒体断言，阻拦索技术瓶颈将使"瓦良格"号成为一堆废铁。但2012年11月23日歼-15在"辽宁号"首次成功起降，彻底"打脸"了这些言论。

"辽宁号"使用的阻拦索为我国自行研发，每根阻拦索都由6股钢丝绳组成，每股钢丝绳又由12根主钢丝、12根中间尺度钢丝和6根呈三角形布置的细钢丝扭成。据媒体报道，我国首次舰载机阻拦着舰试验取得圆满成功，从舰载机尾钩与阻拦索"拉钩"到飞机停下全程只用时2—3秒，阻拦索完全符合要求。

2017年4月，我国的首艘国产航母下水，经中央军委批准，它被命名为"山东号"，舷号"17"。这两艘中国航母早已进入日常的巡航与训练状态，它们正以昂扬的姿态，守卫着祖国广阔的领海。

被1枚取代的109枚公章,为何会被国家博物馆收藏?

109枚公章:简政放权的缩影

【文物影像】

这套用玻璃罩子封存起来的公章,① 上面的白色封条上写着封存时间:2014年9月11日。那一天,天津滨海新区简政放权改革后被1枚公章取代的109枚公章,在李克强总理的见证下,被封存进了这一方玻璃罩中。如今,这些公章不仅是全面深化改革的生动见证,更是中国当代改革开放史的重要文物。

被封存的109枚公章,一级文物,中国国家博物馆馆藏

---

① 2021年6月,这件文物被借到中国共产党历史展览馆展出。

109 枚公章：简政放权的缩影

【家国故事】

封存这 109 枚公章，只用了不过几十秒，但中国行政审批制度改革的艰难与复杂，却远非这几十秒可以形容。如果从 2001 年 10 月国务院成立行政审批体制改革领导小组算起，至今已经走过 20 余年时间。

2001 年 9 月，国务院专门成立了行政审批制度改革工作领导小组，作为推动改革的决策机构和组织基础。在此后的十余年时间里，国务院各部门取消下放了 2400 多项审批事项，同时放权给各级政府先行先试，全国首个行政审批局正式成立，行政服务中心陆续建立，网上审批、并联审批与"一窗式服务"得到不同程度的探索，电子政务中心也开始逐步推进。

2013 年 4 月，为适应职能转变新要求，国务院常务会议决定先行取消和下放 71 项行政审批事项，由此拉开了新一轮简政放权的改革序幕。同年 11 月，中共中央发布《关于全面深化改革若干重大问题的决定》，进一步强化了行政审批权的下放。同时，基于"互联网+"的大数据信息资源共享平台逐步建设，各地政府积极推动"极简审批""不见面审批""最多跑一次""放得下、管得住、服到位"等行政审批透明化和精简化进程。

在此背景下，2014 年 5 月 20 日，天津滨海新区行政审批局正式挂牌成立。行政审批局接受了滨海新区发展改革委、经济信息委、商务委、建设交通局等 18 个部门的 216 项审批职责，启用行政审批专用章，实现了滨海新区"一枚印章管审批"，改变了过去"政出多门、多门一事、互为前置、批不担责"的乱象，使审批流程从"拜多家庙的万里长征"变成"进一个门的指日可待"。而且，服务和监管都跟上了，为"大众创业、万众创新"敞开了大门，新注册企业井喷式增长，充分释放了"改革红利"。

"一枚印章管审批"的改革成效是显而易见的。统计数据显示，滨海新区行政审批局挂牌运行的前四个月（122 天），共完成接件 51330 件，办

自从有了党
——文物背后的家国故事

结 50579 件，办结率达 98.5%。

三个多月后的 9 月 11 日，李克强总理赴天津考察调研，其中一站正是滨海新区行政审批局的办事大厅。在服务大厅里，李克强走到这些被摆放在透明箱子里的旧公章前，仔细向时任滨海新区行政审批局局长张铁军询问这项改革到底有哪些效果、能为老百姓减少多少办事成本。他拿起一枚铜质废弃印章，掂量着感慨道："这章做得多结实啊！不知束缚了多少人。"

在张铁军合上那装满 109 枚公章的箱子，并贴上封条后，总理再一次叮嘱他，绝对不能再打开，更不能变相搞新的公章。

两个多月后，天津滨海新区行政审批局接到国家博物馆电话，国博希望能够收藏这 109 枚公章。于是，这批见证改革的印章被"革"进了国家博物馆。11 月 15 日上午，一个简单的交接仪式在滨海新区行政审批局的办事大厅举行。国家博物馆副馆长黄振春用一本红色的收藏证书换回了一盒满满当当的公章。搬走这些公章的时候，旁边的一位工作人员特意提醒了他一句："这些公章可沉着呢啊，不好搬啊！"

无论如何，这些公章终于被搬进了博物馆，成为历史。

2017

党的足迹

党的十九大

2017年10月18日至24日,中国共产党第十九次全国代表大会在北京举行。大会正式代表2280人,特邀代表74人,代表全国8900多万党员。大会郑重提出习近平新时代中国特色社会主义思想,并把这一思想确立为党的指导思想,写进党章,实现了党的指导思想的又一次与时俱进。

——《中国共产党简史》

开山岛很小，为什么需要人工看守？
在极端恶劣的环境下，王继才夫妇为何能坚持守岛 32 年？

一条水渠，为何修了几十年？

作为外乡人的黄文秀，如何在百坭村克服语言不通的困难？
驻村一年多时间里，她做了哪些事？

中国人带回的月壤与美国人带回的月壤有哪些不同？
"嫦娥"采集的月壤会如何处理？

十八洞村为何成为精准扶贫理念的诞生地？
这里依靠什么脱贫？

运-20 登机牌，何以在网上"走红"？
为什么要制作这种登机牌？

开山岛很小,为什么需要人工看守?

在极端恶劣的环境下,王继才夫妇为何能坚持守岛32年?

开山岛的国旗:高扬着王继才夫妇的爱国情

【文物影像】

2018年7月27日,是王继才登上开山岛后的第32年零13天。那天,当他在开山岛上巡逻时,一阵剧烈的心痛袭来,他倒在了地上……他的生命,也永远停在了这一天,停在那条走了无数遍的环岛台阶上。

王继才在开山岛上升起的国旗,中国人民革命军事博物馆馆藏

【家国故事】

答应了就要做到

1986年7月14日,王继才奉命登上开山岛,成为第五任守岛民兵。

自从有了党
——文物背后的家国故事

此前四任待的时间都不长,最长的 13 天,最短的 3 天。当时,留给守岛民兵的任务,只是每天花半个小时在两个足球场大的小岛上走上一圈,看看空荡荡的营房、坑道,望望四面的海面、航标,然后在守岛日志上记下"一切正常"。

王继才、王仕花夫妇在开山岛升旗

开山岛很小,却是军事要塞。1939 年,侵华日军从灌河口登陆苏北,首先就是占领了开山岛。新中国成立后,开山岛驻军一个连。20 世纪 80 年代,开山岛海防哨所在百万大裁军的浪潮中被缩编为民兵哨所,驻岛解放军也换成了民兵,一个连变成了一个人。

上岛之后,王继才发现全岛怪石嶙峋,悬崖耸立,竟没有一棵树。除了一条黑漆漆的坑道,就是一条 100 多米长的石道和几排空荡荡的营房——当年守岛的解放军部队使用过的。

27 岁的王继才虽然生得人高马大,但在岛上的第一个晚上还是犯了怵。海风刮得很大,岛上没有电,煤油灯一夜没灭,他也一夜未合眼。连续三

开山岛的国旗:高扬着王继才夫妇的爱国情

天,都是这样。一个多月后,妻子王仕花来看他,见他蓬头垢面如同野人一般。她想拉丈夫回家,但王继才是个倔脾气,怎么都不肯走,"领导说,岛上必须有人去守,我也答应了,答应了就要做到"。

最后,王仕花不得不辞去了教师工作,把不满两岁的女儿托付给婆婆,也上了开山岛。她感觉,如果没有她,丈夫在岛上活不了。两人的守岛生活从此开始了。

开山岛是座石头山,上面没水、没电、没粮,只有几间破营房。一年四季,石缝里的茅草绿了又黄,在海风中瑟瑟发抖。风一来,岛就与世隔绝了。有一次柴火用光了,夫妻俩一连嚼了5天生米。风停时,渔民上岛发现,他们已经饿得说不出话。当地人说,在上面活着都很难,更不要说守。

然而,王继才没有退缩。没有水,他们喝水窖里攒下的雨水;没有电,他们晚上点蜡烛;没有粮,他们在岛上种菜、捕鱼,让大女儿在岸上当"补给队长",不时买点东西托渔民捎来……

除了条件艰苦,他们在岛上最大的问题就是孤独。实在孤寂难耐的时候,夫妇俩在营房的地上画个框下跳棋,或者打牌,有时候还会唱老歌鼓劲。他们唯一的现代化娱乐就是听收音机。几十年下来,他们竟听坏了19台收音机。

一定要让开山岛的国旗升起来

岛上的生活漫长而单调。看着荒芜的开山岛,王继才决定买一面国旗插上,"有国旗,就证明这里是中华人民共和国的领土"。夫妻俩一合计,开山岛是应该升国旗。他们将升旗台定在了观察哨的哨楼顶上。岛上风大,如何固定用竹竿做成的旗杆呢?他们决定用混凝土浇筑一节铁管固定在哨楼顶上,再把旗杆插进铁管里。在渔民们的帮助下,他们终于在1986年

自从有了党
——文物背后的家国故事

国庆节前做好了升旗台。

国庆节那天,天刚蒙蒙亮,王继才和王仕花扛着鲜艳的五星红旗,一步一步很郑重地登上哨所楼顶。当一轮红日从海平面喷薄而出时,王继才展开国旗,并庄严地将旗杆插进了旗杆底座。两人第一次在岛上升旗,向国旗敬礼。没有国歌伴奏、没有观众,有的是两颗热爱祖国的心。

从那以后,两人每天都按时升国旗。没人看见,也没人监督,但他们同样做得十分认真,五星红旗每天都迎着朝霞,和海面上的红日一起升起。开山岛上刮风下雨是常态,但他们只要在岛上,两人都要扛着红旗去升旗,晚上再将五星红旗收起来。这种只有两个人的升旗仪式,王继才和王仕花坚持了几十年。

王继才夫妇冒雨巡岛

有一次,岛上断粮,王继才吃了生的海鲜导致拉肚子,一夜跑几趟厕所。第二天,他照样爬起来升旗。王仕花心疼地说:"今天我一个人升就行了,岛上就咱俩,少敬一回礼没人看到。"王继才拒绝了,他艰难地穿好衣服后,摇摇晃晃地向山顶走去……

高高飘扬的五星红旗犹如灯塔,指引着来往渔船的前进方向。进出海

开山岛的国旗：高扬着王继才夫妇的爱国情

的船只要经过开山岛，都会主动鸣笛，既是向夫妻俩打招呼，也是向国旗致敬。

升旗仪式结束后，他们开始一天里的第一次巡岛。他们来到哨所观察室内，用望远镜扫视海面一圈，然后观察岛上的测量仪器工作是否正常。每天三次巡岛，观天象、护航标、记日志……岛上生活几乎天天如此。

岛上风大，太阳照射强烈，在这里飘扬的国旗非常容易褪色、破损，一面国旗用不到两个月就要更换。在守岛的30多年里，他们用过的国旗竟然有近200面，全都是他们自己掏钱购买。国旗的价格也从最初的6元钱一面，涨到2017年的几十块钱一面。后来，县武装部干脆给他们送上来一箱50面国旗。

一面国旗，连着祖国的心脏

2011年1月，南京军区政治部《人民前线》报头版头条刊登了王继才、王仕花夫妇爱岛守岛的通讯《两个人的升旗》，他们的事迹才被人知晓。

他们的故事打动了天安门国旗护卫队。2011年国庆节，天安门国旗护卫队承诺一定要为王继才夫妇举行一次正式的升旗仪式。

2012年1月1日，开山岛上的升旗仪式比以往隆重了许多。这场升旗仪式由天安门国旗护卫队和王继才共同完成，王继才担任扛旗手。为了完成任务，他还提前接受了特别训练，包括如何扛国旗、交国旗，还有踢正步。"扛旗时，右手抓住国旗下面，国旗要朝上；交旗时，动作要正；国旗甩开时要敬礼。"

这是王继才守岛26年来最复杂的一次升旗仪式。这面五星红旗曾经在天安门广场升起，当它在开山岛的海风中展开时，王继才夫妇热泪盈眶。那一刻，他们一定想到了在岛上历经艰难的一幕幕，其中的酸甜苦辣，只有自己知道。

自从有了党
——文物背后的家国故事

在升旗仪式结束后,天安门国旗班首任班长董立敢致辞说:"同一面国旗,在祖国心脏和边防小岛都升起过。这说明,岛连着北京,心系着祖国!你们是我们的榜样!我代表国旗班全体官兵向你们致敬!向你们敬礼!"

王继才也表达了自己的心声:"我等待这个升旗仪式已经3个月了,能够为国旗增光添彩是我们夫妻俩最大的愿望。今后,我们还要继续站好岗放好哨,让祖国人民放心。"

那天,天安门国旗护卫队向开山岛民兵哨所捐赠了一座2008年奥运会专用的移动式手动升旗台。南京军区政治部还捐赠了一套音响系统,以后升旗时,海面上将回荡起雄壮的国歌。

2018年7月27日,王继才倒在了执勤的路上,年仅58岁。2019年9月17日,国家主席习近平签署主席令,授予王继才"人民楷模"国家荣誉称号。

王继才牺牲后,他的家人将他生前使用过的国旗、马灯、收音机等25件遗物捐献给了军事博物馆。那面在王继才牺牲当天升起的国旗,被陈列在博物馆显目的位置,继续为观众讲述他与五星红旗的故事。

如今的开山岛,五星红旗依然飘扬。它在茫茫的海面上闪烁着信仰的光芒,指引着新时代的奋斗者和追梦人前进的方向。

大发渠：引来脱贫致富活水

【文物影像】

　　白墙黑瓦的民房高低错落，在山间蒸腾起的白雾中时隐时现。这里就是贵州省遵义市播州区团结村，"七一勋章"获得者黄大发的家乡。

　　在山间的一处空地上，坐落着大发渠党性教育陈列馆。老背甲、破蓑衣、旧马鞍、钢钎、二锤、手杖……馆内陈列的那一件件饱经沧桑的修渠工具，见证了黄大发老支书带领群众数十年如一日战天斗地的艰辛。

修渠工具，大发渠党性教育陈列馆馆藏（图片由中共遵义市委宣传部提供）

【家国故事】

一条引水渠，修了几十年

　　黔北深处，多为喀斯特地貌。黄大发的家乡团结村就是这样一个地方，

自从有了党
——文物背后的家国故事

这里过去叫草王坝村,海拔 1250 米,山高岩陡,雨水落地,就顺着空洞和石头缝流走。缺水,成为当地人最深刻的记忆。20 世纪 90 年代以前,村里人去最近的水源地挑水,来回得走两个多小时。也因为缺水,这里曾经是中国最贫穷的地方之一。

悬崖峭壁上的大发渠

1936 年出生在草王坝的黄大发,对当地的贫穷体会最深。他从小是孤儿,四处流浪,吃的是百家饭,住的是滚草窝和苞谷壳。新中国成立土改分地,13 岁的黄大发终于有了属于自己的一亩七分地。他感恩党,积极配合解放军进山剿匪。1959 年,23 岁的黄大发加入了中国共产党。同年,他被推选为草王坝大队长,一直干到 70 岁。

"从当大队长开始,我就决心为村民干三件事。一是引水,二是修路,三是通电。"黄大发说。这三件事在现在看来不算大事,但在当时的草王坝村群众心里,这三件大事就是三座大山,而其中最棘手的就是引水。

与草王坝缺水的窘境相比,几公里外的野彪村却水源富足。可惜两村被大山绝壁隔断,草王坝村只能望水兴叹。20 世纪 60 年代,河南林州"红旗渠"工程轰动全国。"红旗渠"引漳水入林州的故事,鼓舞了因缺水而在贫困线上挣扎的草王坝人。

大发渠：引来脱贫致富活水

如果能修通一条水渠，把野彪村螺丝河那边的水给引过来，就能解决草王坝村的饮水和灌溉问题了！黄大发的想法得到了上级政府的支持，这项工程被命名为"红旗水利"，寓意打造一条遵义的"红旗渠"。工程的指挥长，便是35岁的黄大发。

"红旗水利"的设计长度虽然只有15公里，但要绕三重大山、过三道绝壁、穿三道险崖，工程量巨大，难度远超人们的预期。没有专业的测量工具，就竖起竹竿，两边人用眼睛瞄；缺乏水泥，沟壁就直接糊上黄泥巴；没有工具，就抄起锤子、钢钎靠蛮力凿。"没有导洪沟，洪水一来，本来就脆弱的沟渠被冲得稀巴烂……"说起当年的蛮干，黄大发至今难忘。

由于缺乏资金、技术和劳动力，水渠修修补补了十几年，水就是进不了草王坝，最后在20世纪70年代就被废弃了。

这次修渠失败，成为村支书黄大发的一块心病。"黄书记，是大米饭好吃，还是你们草王坝的包沙饭好吃？"在一次全乡大会聚餐时，一位干部不经意的玩笑话，刺痛了黄大发的心。因为没有水源，全村没有一株水稻，土里只有苞谷、红苕和洋芋，"包沙饭"成为草王坝贫困的代名词。

"这让我很难堪，但我不想就这么输掉，没有文化就没有方向，光靠蛮干，注定修不成功，我要学习技术，要为草王坝争一口气！"黄大发后来回忆说。[①]

"共产党员就是要干一辈子"

1990年冬，大雪。遵义县水电局副局长黄著文晚上回到家里，看到了来访的黄大发。在他的挎包里，装着一份沉甸甸的修渠申请。"我走了两

---

① 黄大发口述，罗亮亮记录：《黄大发：共产党员就是要干一辈子》，《当代贵州》2019年7月第25期，第8页。

自从有了党
——文物背后的家国故事

天到县里,就是要找你。我要修螺丝河工程,想请你们帮忙立项。我是村支书,有责任修通水渠,解决村里人的人畜饮水,不然贫困老是改变不了,这次拼了命也要干……"①

黄大发这次是有备而来。上次修渠失败后,他暗下决心,四处求教自学水利技术。1989 年,已经 63 岁的黄大发还向组织申请,到乡下水利站跟班学习。三年过去,黄大发自信掌握了修渠的程序,看懂了其中的奥妙。

水电局干部被黄大发的精神感动,草王坝水利工程很快得到批复,也得到了县、乡政府的财政拨款,但还需要村民们凑齐 1.3 万元的规划押金。

当年,村民的年人均收入仅为 80 元。黄大发召开村民大会,提出了每家每户凑钱的要求。作为村支书,他率先拿出了 100 元。修渠的热情再次被点燃。第三天,1.3 万元凑齐。经过专业测绘和精心谋划,1992 年春,大雪天,工程开工了。

黄大发扛着钢钎,带着几百人的队伍往山上进发。在人群里,黄大发只是一位身高不到一米六、体格瘦小的老人,但他体力比年轻人都好,干劲比谁都足,遇到难事都是第一个冲到前面。"干部干,群众看。"这是黄大发经常说的一句话。

修建水渠要经过 3 座大山、大小 9 个悬崖、10 多处峻岭,其中擦耳岩段最为险要。在修擦耳岩段时,一处倒悬的崖壁无法测量,专业施工人员都不敢下去。黄大发二话不说,把麻绳系在自己身上,让人拉着下到悬崖测量。

1995 年,一条跨 3 个村、10 余个村民组,主渠长 7200 米、支渠长 2200 米的水渠终于完工。这条寄托着全村希望的生命之渠被村民们亲切地称为"大发渠"。那天,全村杀猪摆席,跟过节日一般热热闹闹地吃了一顿庆功宴。

---

① 王海珍:《黄大发:"当代愚公"一辈子修一条渠》,《中华儿女》2017 年第 24 期,第 18 页。

大发渠：引来脱贫致富活水

通水后，黄大发又马不停蹄地带着村民搞"坡改梯"，将昔日的荒坡开辟成梯田。修渠前，草王坝年人均粮食 150 斤，人均收入不到百元，将近一半的孩子因为交不起学费而失学在家。修渠后，经过三年"坡改梯"工程，草王坝年人均粮食产量达 800 斤，年人均收入增加到 400 多元。

通水那一年，草王坝村还通了电，后来修了路，修了学校……虽然实现了当年的承诺，但黄大发依然没有停歇，"共产党员就是要干一辈子"。他带领村民们种植比纯种粮收入高的柚子、核桃等经济作物，使村民收入逐年提高。大家齐心协力开始走上致富之路，草王坝村也改名为"团结村"。

在黄大发的感召下，爱心企业进驻村庄持续开展帮扶行动，帮助村里将"大发渠"打造成热门旅游景点。如今，渠道边上修建了木栈道，村子里也陆续开办了农家乐和民宿。除了种水稻，黄大发还动员村民种黄桃、柚子，发展养殖业，并且通过线上线下平台出售特色农产品。到 2020 年底，团结村人均纯收入达 1.18 万元，每年进村参观学习、休闲旅游人数超过 30 万人次。当初那个偏僻的贫困村早已脱贫、旧貌换新颜。

正在巡渠的团结村老书记黄大发

作为外乡人的黄文秀,如何在百坭村克服语言不通的困难?

驻村一年多时间里,她做了哪些事?

黄文秀的驻村日记:谱写新时代的青春之歌

【文物影像】

2018年3月,年轻的黄文秀主动响应组织号召,奔赴偏远山区,成为百色市新化镇百坭村驻村第一书记。打开黄文秀的驻村日记,如同打开一本"战地日记",记录着一位青年党员的赤子初心。

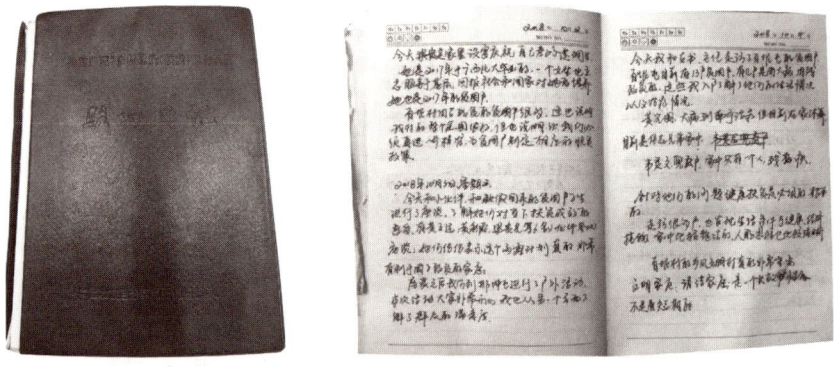

黄文秀驻村日记,黄文秀先进事迹陈列馆馆藏(图片由中共百色市委宣传部提供)

【家国故事】

"我心中的长征"

黄文秀是百色市田阳县人,2016年从北京师范大学硕士研究生毕业后,

黄文秀的驻村日记：谱写新时代的青春之歌

考取了定向选调生到百色市工作，曾挂职田阳县那满镇党委副书记，2018年3月任乐业县百坭村第一书记。

如今，群山环绕的百坭村路网畅通，不仅村村通了水泥路，邻近的高速公路和二级公路也都已经贯通。三年前，这个有着11个自然屯的村子却是另外一副模样：村屯分散，一遇大雨，出行困难。黄文秀刚驻村时，全村尚有103户473人没有脱贫，贫困发生率将近22.88%。

建档立卡贫困户分散居住在不同的山上，对黄文秀这个外乡人来说，要在最短时间内掌握全村贫困户的详细情况相当困难，而且还面临群众的疑虑。她每次到村民家里了解情况，都要问这问那，手里还拿着个小本记着。刚开始，村民们还很配合，但次数多了，就开始反感了。

"要想让老百姓愿意接近我，就得让老百姓觉得我和他们是一样的。"黄文秀碰了钉子后，从自己身上找原因。再到贫困户家里时，她不再拿着本子问东问西，而是脱下外套帮忙扫院子；贫困户一次不让她进家门，她就去两次、三次；贫困户不在家，她就去田里，边帮他们干农活边聊天。慢慢地，村民们都和她混熟了，开始把她当作自己人。

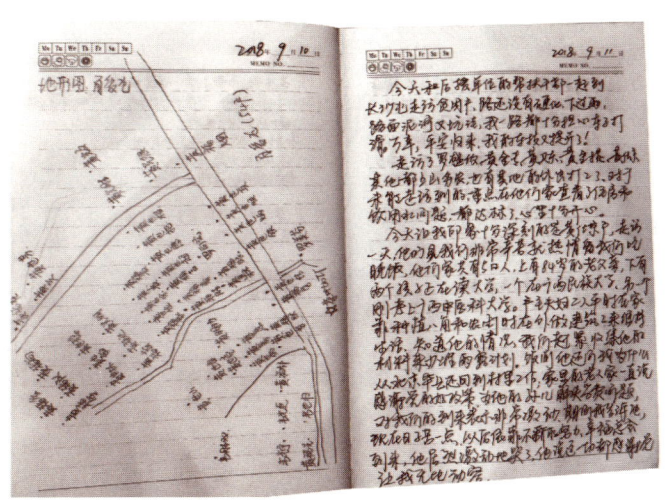

黄文秀绘制的"民情地图"

自从有了党
——文物背后的家国故事

为了提高工作效率,黄文秀将贷款买的私家车开到村里当公务车用。驻村两个月,她走遍全村贫困户,每户的情况都烂熟于胸。"我发现我的方言进步了,可以和贫困户完整用桂柳话交流了。""每天很辛苦,但心里很快乐!"……在扶贫日记里,黄文秀记录下了工作的点点滴滴,并绘制了百坭村"民情地图",将每一户贫困户的信息和地理位置标注得清清楚楚。

"在脱贫攻坚工作中,不少同志都有自己的小窍门,但是自己手绘贫困户分布图的,我还是第一次听说。制作手绘地图一趟两趟肯定是记不下来、记不准的,可能要来回跑很多趟才能标注得准确到位。当时我就觉得,这个黄文秀是一位肯用心、爱动脑、腿又勤的年轻人。"① 百色市一位领导在回忆黄文秀的一篇文章中说。

2019年3月26日,黄文秀驻村满一年,她在扶贫日记里记下了当天的心情:"在我驻村满一年的那天,我的汽车仪表盘的里程数正好增加了两万五千公里,我简单地发了一个朋友圈:'我心中的长征,驻村一周年愉快。'"

百坭村新貌

---

① 周异决:《难忘黄文秀》,《人民日报》2020年1月9日。

"我是脱贫攻坚第一责任人"

一年多来,黄文秀通过考察学习、请专家指导、挨家挨户宣传、党员带头示范等方式,带领群众摸索并发展了适合本村的产业——种植砂糖橘。如今,特色种植业已成为百坭村的支柱产业和群众脱贫致富的主要经济来源。

过去村民们种植水果,到了收获时卡车进不来,只能肩挑马驮,非常困难。黄文秀驻村后,在向上级提出修路的申请时,还主动带领村民将泥土路改扩建成砂石路。她还通过推动村民流转 300 亩土地,随后引入具有丰富种植经验的老板驻村建立砂糖橘种植基地。老百姓进入砂糖橘基地边打工边学习,为村里培养了致富带头人。黄文秀还通过农技人员下乡活动,聘请专家到田间地头指导农民生产和管护,确保了砂糖橘的种植和丰产。

就在黄文秀驻村的 2018 年,百坭村的砂糖橘就获得了丰收,老百姓种植砂糖橘的积极性被彻底调动起来。

此外,黄文秀熟悉互联网并在村里开办电商服务站,通过校友和企业家等资源,帮助农民拓销路。仅 2018 年,经百坭村电商服务站销售出去的砂糖橘就达 4 万多斤,销售额约 22 万元,为 30 多户贫困户创收,每户增收 2500 元左右。

"我是我们村脱贫攻坚工作的第一责任人。""一户户地研判,扎实开展一系列工作是最基本的要求。"黄文秀在扶贫日记里记录着百坭村的点滴。2018 年,百坭村 88 户贫困户实现脱贫,贫困发生率从 22.88% 下降到 2.71%。

2019 年 6 月 16 日,黄文秀利用周末回田阳老家看望病重手术不久的父亲后,因心系暴雨后百坭村群众的生命财产安全,连夜开车返回工作岗位,途中遭遇山洪暴发不幸遇难,献出了年仅 30 岁的生命。

自从有了党
——文物背后的家国故事

2021年6月29日上午,人民大会堂。黄文秀的姐姐黄爱娟和哥哥黄茂益代妹妹领取"七一勋章"。29名"七一勋章"获得者中,黄文秀是最年轻的一位。

2020年底,百坭村所有贫苦户脱贫摘帽。如今的百坭村,村屯道路加宽和硬化,建成了文秀广场、文秀卫生室、观光荷花池等,完成了新农村风貌改造。黄文秀用生命种下的幸福种子,如今已经开出了绚烂的花朵……

中国人带回的月壤与美国人带回的月壤有哪些不同？
"嫦娥"采集的月壤会如何处理？

月壤：标志着中华飞天梦圆

【文物影像】

在20世纪六七十年代，月球土壤曾被美国作为国礼，用来展示国家实力。这种人类采自地球之外的物质一直闪耀着神秘光环，如今，它终于被揭开了神秘面纱。

嫦娥五号采集的月壤样品，一级文物，中国国家博物馆馆藏[①]

2021年2月27日，"月球样品001号·见证中华飞天梦"展览开幕式暨捐赠入藏仪式在中国国家博物馆举行。容纳月壤的容器材质为人造水晶，整体造型借鉴自国博馆藏的系列青铜"尊"造型。容器内部造型由地球、

----

① 2021年6月，该文物被借到新开馆的中国共产党历史展览馆展出。

自从有了党
——文物背后的家国故事

中国地图、月球、月壤等组成。月壤储存在中心部位的空心夹层球体造型之中，观众可以透过人造水晶清楚地看到中间的月壤。

【家国故事】

中国取得的月壤更"年轻"

2020年11月24日，我国使用长征五号火箭成功发射了嫦娥五号月球采样返回器。在闯过月面采样封装、上升器月面起飞、月球轨道交会对接、超高速再入返回等一系列难关后，嫦娥五号返回器于12月17日携带着1731克月球样品顺利返回地球。

1731克，这是一个激动人心的数字。早在20世纪，美、苏两国已经通过耗资巨大的月球计划，带回来一批月球土壤样本。中国的嫦娥五号这次带回来的月球样本，是自1976年8月18日之后，人类时隔44年再次带回遥远月球的月面样本。

这次提取的月壤样本的重量也是非常可观的。苏联曾在20世纪70年代经过三次无人探测器取回了大约321克月壤和岩石样本。由于当时的苏联还没有月球轨道无人交会技术，所以三次取样都是从月面起飞后直接返回地球，导致所能携带的样本量极其有限。但这次嫦娥五号采用了具有世界领先水平的月球轨道无人对接方式转移月壤到返回舱，因此一次性就带回1731克月球样本。

中国这次取得的月壤样本，比以前的样本更"年轻"。这批样本中，既有月球表层土壤样本，也有月球的岩芯样本。据专家介绍，岩芯是一层一层堆积起来的，记录着月壤不断翻转、掩埋、堆积的过程，只有通过岩芯样本才能更好地知道月壤的形成过程。上一次人类通过钻探获取月球岩芯样本还是20世纪美国的"阿波罗"登月计划，不过那次钻探的深度有限。

月壤：标志着中华飞天梦圆

更加令人瞩目的是，之前人类带回来的月壤样本大多来自月球正面中低纬度的月海区域，形成年龄集中在32亿—42亿年前，而嫦娥五号此次是在月球最大的月海——风暴洋北部降落并实施采样。这片区域形成的年龄是10亿—20亿年前，以前从未有人类探测器到访。也就是说，嫦娥五号此次采集的样本比以往的样本要"年轻"很多，填补了月球地质定年的一大空白。

嫦娥五号登月效果图

世界上"最昂贵的土壤"

月壤可以说是世界上"最昂贵的土壤"。美国的登月计划耗费了两百多亿美元，苏联同样为获得月壤耗资不菲。花了这么大代价才从月球带回来这么点儿土壤，它究竟有什么研究价值？

对于月壤的研究，可以加深人类对月球乃至整个太阳系的了解，为人们认识月球与太阳系天体的物理性质、起源都提供了重要信息。中国科学家通过嫦娥五号采回的月球样品发现，月球的岩浆活动一直持续到距今约20亿年前，月球的寿命比此前推测的又延长了约8亿岁。

自从有了党
——文物背后的家国故事

除此以外,人类研究月壤也是为了了解一种重要的月球元素氦-3。这种元素通过核聚变能够释放出巨大的能量,但不会产生有害的反射性中子,被科学家们认为是一种最理想的清洁能源。这种元素在地球上极其稀少,但在月球上却丰富得多。

多年前,就有科学家透露,月球上氦-3有100万—200万吨,这将是人类社会长期稳定、安全、清洁、廉价的可控核聚变的能源原料,可供人类上万年的能源需求。当然,要想在月球上采集氦-3也不是一件容易的事情,目前还有很长的一段路要走。

此外,研究月壤也是为建立月球基地做准备,这是未来登陆火星的跳板。专家团队对嫦娥五号带回来的月壤进行研究后发现,每吨月壤表面土壤大概含有120克的水。他们还计算出每吨月球表面上的岩石中水含量在180克左右。但这只是理论上测算出的含量,与实际情况可能存在差距。

如果月球表面有广泛的水存在,那么人类可以通过一定方法去加热月球土壤,获取水蒸气,然后水蒸气进一步被分解成氢气和氧气,这样一来,人类在月球上也可以有可供呼吸的氧气,同时火箭等设备也有了可以使用的燃料,人类未来在月球建设基地的难度就被大大降低。

中国愿合作共享月壤数据

既然月壤样本这么珍贵,我国将如何充分利用它呢?在嫦娥五号带回月壤样本的当天,国家航天局举行了新闻发布会,宣布嫦娥五号带回来的月球土壤将有三类用途:

第一类,最主要是为了进行科学研究;第二类,为了能早点儿与公众见面,我们有一部分样品将入藏国家博物馆,向公众展示,进行科普教育;第三类,一般依据国际合作的公约和多边双边的合作协议,我们将发布月

月壤：标志着中华飞天梦圆

球样品和数据管理办法，与有关国家和世界科学家共享，也有一部分按照国际惯例，可能作为国礼相送。

2021年4月，第一批月球样品信息在网上发布，并开始受理借用申请。首批共发布了44个科研样品，共56.8812克。截至5月底，共收到85份申请。经过评审委员会的评审，首批发放的月球科研样品共17.4764克，将发放给13所科研机构的31份申请。

嫦娥五号升空没多久，美国宇航局（NASA）就迫不及待地在推特上发信息：希望中国能够分享嫦娥五号月球样品研究成果，就像美国当年的"阿波罗"计划那样。1978年5月，时任美国总统卡特的国家安全事务顾问布热津斯基访问中国，赠送给中国一块仅有1克重的月球岩石样本。

对于这个问题，有网友评论说：把美国送咱们的那1克还给他们吧！更多的网友认为，月球属于全人类，月球土壤数据应与世界各地分享。也有不少人认为，这是中国耗费了大量人力财力才取得的月壤，不应该与外国分享。

在12月17日的新闻发布会上，国家宇航局表示：我国会遵守联合国《外太空条约》，认同外空资源是属于全人类的财富。中国愿意与任何志同道合的国家与机构合作，共享月壤研究成果。

十八洞村为何成为精准扶贫理念的诞生地?
这里依靠什么脱贫?

十八洞村扶贫手册：精准扶贫从这里出发

【文物影像】

在2021年2月举行的全国脱贫攻坚总结表彰大会上，习近平庄严宣告，经过全党全国各族人民共同努力，在迎来中国共产党成立一百周年的重要时刻，我国脱贫攻坚战取得了全面胜利。

在这场伟大的战役中，十八洞村是一个特殊的存在，它不仅是精准扶贫理念的诞生地，也是全国脱贫攻坚的一面镜子。它所开创的扶贫模式，成为中国"脱贫奇迹"的真实写照。这组来自十八洞村的贫困户登记表和扶贫手册，真实记录了这场脱贫攻坚战中最精彩的片段。

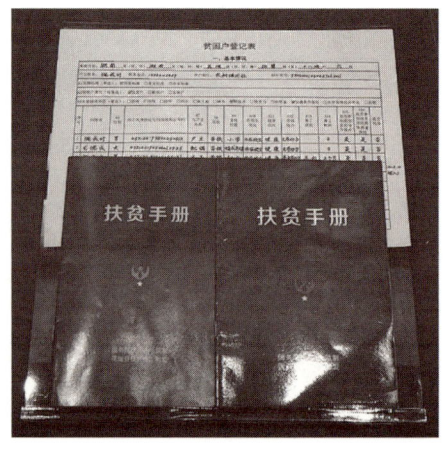

十八洞村贫困户登记表和扶贫手册，一级文物，中国国家博物馆馆藏

【家国故事】

古老苗寨焕然一新

十八洞村位于湖南省湘西土家族苗族自治州花垣县排碧乡西南部,是武陵山深处典型的苗寨,因为寨子里有十八个溶洞而得名。这个偏僻、贫困、冷寂的苗寨能引起外界关注,是因为一个人的到来。

湖南湘西土家族苗族自治州花垣县十八洞村梨子寨

2013年11月3日,习近平总书记来到十八洞村,同村干部和村民代表围坐在一起,亲切地拉家常、话发展。正是在这次交流过程中,习近平总书记首次提出了"精准扶贫",作出了"实事求是、因地制宜、分类指导、精准扶贫"的重要指示。

第二年春,花垣县委组建的精准扶贫工作队进入十八洞村。在规划改造中,工作队没有搞高大上的项目大拆大建,而是按照"人与自然和谐相处、建设与原生态协调统一、建筑与民族特色完美结合"的要求,在保存苗寨原有风情的基础上,进行了房屋改造、改厨、改厕、改浴、改圈等"五

自从有了党
——文物背后的家国故事

改"工程。全村 225 户房前屋后都铺上了青石板路,原来的破木屋变成了青瓦房,砌上了颇具苗乡特色的泥砖墙。

习近平总书记在施成富家门口坪坝召开座谈会时,施成富老人已经 76 岁,他有一个儿子施全友在外打工。2010 年,施全友曾经带了一个打工时认识的重庆姑娘回家,准备跟她结婚。但十八洞村太穷,施全友最后没能留住姑娘。经过工作组的改造后,十八洞村焕然一新。已经 43 岁的施全友重新燃起希望,他把村里的照片发给那位离开的姑娘。十八洞村的变化改变了姑娘的想法,她回来后再也没有离开……

后来,在扶贫工作队的鼓励下,施全友夫妻在村里开办了第一家农家乐。随着十八洞村越来越漂亮、名气越来越大,来旅游的人也越来越多,施全友家的农家乐一下子火爆了。在旅游旺季,他们家的农家乐最多时一天能接待 200 多名游客,2016 年纯收入就有 20 多万元。2016 年 1 月 18 日,施成富老人代表全家在《贫困户退出确认书》上签字、按手印,成为十八洞村率先脱贫的农户之一。

精准识别,主动摘帽

在精准扶贫方面,工作组探索出"精准识别扶贫对象、精准发展支柱产业、精准组织扶贫力量"三个精准。其中,精准识别扶贫对象成为开展其他工作的基础和前提。扶贫工作组进驻十八洞村后,需要从 225 户 939 名村民中,筛选出真正的贫困户、贫困人口。为此,工作组制定了《精准识别贫困户工作办法》和有楼房或商品房的家庭不评、嗜赌成性及劳教不改的家庭不评、国家公职人员家庭不评等"九个不评"的识别标准。同年,136 户 542 人被认定为贫困人口,扶贫工作组为他们制定了有针对性的脱贫措施。

对于这些筛选出来的贫困户,还要经过民主评议的过程。十八洞村把村民分为六个小组进行民主评议,每个参会村民签到并领取一张贫困农户民主推荐选票,由村民代表现场唱票、验票、计票,公布得票结果。在审核时,严格执行"九个不评"标准,最后的结果予以公示。

根据中央扶贫开发工作会议精神,脱贫工作要"实行逐户销号,做到脱贫到人,脱没脱贫要同群众一起算账,要群众认账"。

这笔账算得非常清晰。精准扶贫工作领导小组从环境状况、财产状况、收入状况、能力状况和健康状况五个方面,对十八洞村村民进行综合评估。"综合评估得分"在60分以上的农户视为已经脱贫,人均年纯收入达3000元,"贫困等级"为脱贫户,户主便可在《贫困户退出确认书》上签字、摁手印。

2016年初,扶贫工作队、村两委就十八洞村2015年脱贫人口摸底统计时,现有127户贫困户全部认账,主动申请摘掉贫困户帽子。

自然与文化资源丰富的十八洞村现在已被建设成为一个多产业基地,乡村游、猕猴桃种植和苗绣等产业生机勃勃。当地产的猕猴桃还打进港澳市场,为当地居民带来更多经济效益。2013年,该村村民人均收入1668元,到2017年,人均收入已达到10180元,并于同年宣告摘掉贫困村的帽子。

精准扶贫的一面旗帜

2014年9月,十八洞村与本地的苗汉子野生蔬菜开发专业合作社成立了合资公司——花垣县十八洞村苗汉子果业有限责任公司。当年11月,村民代表和十八洞村村部开了第一次股东大会,贫困户将财政补贴每户的3000元集中入股,非贫困人口也将按其对应享受的政策扶贫资金入股。全村225户939人都入了股,共出资294万元,占股49%。企业出资306万元,占股51%。

工作队还通过异地流转的方式,在附近一个乡镇租赁了1000亩土地,

自从有了党
——文物背后的家国故事

并以土地经营权做抵押，从银行拿到了 1000 万元贷款。十八洞村扶贫工作队请中科院武汉植物园专家来考察，为十八洞村挑选了优质的猕猴桃品种。就是利用这笔贷款，十八洞村的猕猴桃种植产业发展起来了。

2017 年，十八洞村的猕猴桃挂果。9 月 28 日，十八洞村猕猴桃产业园正式开园，村民们开始采摘猕猴桃，并装上电商专用车辆，直供香港和澳门。首批 200 吨猕猴桃鲜果产值达 500 万元，每位村民增收 1000 元左右。

苗绣花团锦簇、精美绝伦，名列第一批"国家非物质文化遗产"名录。2014 年 5 月，扶贫工作队把村里 53 名心灵手巧的妇女组织起来，注册成立了"十八洞村苗绣特产农民专业合作社"。合作社先后与花垣五新苗绣、金田苗绣、湘西指尖生花等专业公司达成合作协议，公司提供原材料与绣样，合作社农民负责织绣加工，最后由公司对绣品进行验收回购。四年来，合作社与公司签订了 100 多万元的订单，合作社的绣娘每人每月平均能拿到 1500 多元工资。

2017 年 11 月 3 日，精准扶贫实施 4 周年之际，花垣县十八洞村的村民们穿着节日盛装，载歌载舞庆贺旅游公司投资建设游客服务中心、培训中心、停车场、溶洞景观、观光车、环保酒店"地球仓"等旅游服务设施，打造红色旅游和苗族风情乡村游品牌，吸引更多游客来到十八洞村旅游休闲。如今的十八洞村，已成为全国精准扶贫的一面最为鲜艳的旗帜。

运-20登机牌，何以在网上"走红"？

为什么要制作这种登机牌？

抗疫登机牌：致敬最美白衣战士

【文物影像】

这张登机牌的主人是海军军医大学援鄂医疗队的队员，他们曾经在武汉疫情紧急的情况下火速驰援一线，在除夕夜万家团圆的日子上演了"最美逆行"。

海军军医大学援鄂医疗队员乘坐运-20赶赴武汉的纪念登机牌，中国人民革命军事博物馆馆藏

自从有了党
——文物背后的家国故事

【家国故事】

运-20机票致敬白衣战士

2020年2月17日,一张蓝地白字的登机牌在微信朋友圈刷屏,"运-20机票致敬白衣战士"登上了微博热搜榜。这张登机牌正面日期栏写着2020年2月17日7时28分至战"疫"胜利日。出发日是2月17日,结束的时间为战"疫"胜利日,显示出人民军队必胜的决心。

2020年1月24日,鼠年除夕。解放军三支医疗队经中央军委批准,分别从上海、重庆、西安三地乘坐军机,星夜驰援江城武汉。这三支医疗队分别由陆军、海军、空军军医大学抽组,每支医疗队150人,配备的医学专家来自呼吸科、感染性疾病科、医院感染控制科、重症监护室等科室,不少人有小汤山抗击非典、援非抗埃的经历。

海军军医大学接到上级命令后,学校连夜进行紧急部署。至清晨6点,一支150人的医疗队抽组完毕。1月24日晚8点,在夜雨中,学校举行出征动员仪式,150名医疗队员在国旗下整齐列队。不到20个小时,出征前的一切准备工作皆已就绪。迎着潇潇夜雨,医疗队员乘空军专机连夜抵达武汉。从这一刻起,"海军军医大学医疗队"的鲜红旗帜矗立在了抗疫第一线。

那一夜,"解放军来了"的新闻在全国"刷屏"。一位网友这样留言:"你们为祖国分忧、为使命出征、为平安守岁,你们是除夕夜最亮的星星,是新时代最美的英雄。"

然而,疫情的发展速度超出预期。随着确诊病例成倍增长,武汉告急,湖北告急。各地的医疗队驰援武汉,空中航道成了生命通道。位列我国八大枢纽机场之一的武汉天河机场在骤然关闭民航通道后,却迎来了异常繁忙的军用运输机起降。6架运-20、3架伊尔-76和2架运-9军用运输机

抗疫登机牌：致敬最美白衣战士

在长长的跑道上密集起降，人员和物资不断从四面八方汇集到武汉。

运-20代号鲲鹏，是我国自主研究制造的新一代军用大型运输机，可在复杂气象条件下，执行各种物资和人员的长距离航空运输任务。按照中央军委命令，这是国产运-20大型运输机首次参加非战争军事行动，也是空军首次成体系大规模出动现役大中型运输机执行紧急重大空运任务。

一场奋不顾身的出征

自2020年除夕夜迎来第一批军队医疗队员，2月2日迎来第二批军队医疗队员，2月13日上午，武汉又迎来新一批援兵。军队多家医疗单位抽组的精兵强将，从东西南北多地同步空降武汉战"疫"一线。运-20机舱里响起了空军运输机组的广播声："今天你们出征，我谨代表全体机组向你们致以崇高的敬意！能送你们出征，我们感到无比荣幸。希望你们在前线奋勇作战，保护好自己！等到你们凯旋的时候，我们再接你们回家！"

2月13日当天，共计1400名医务人员从12个不同地方，通过三型11架运输机和铁路同时投送抵达武汉，并在第一时间展开相关医疗救治工作。这是一场奋不顾身的出征——29个省市和新疆生产建设兵团、军队等调派330多支医疗队、41600多名医护人员驰援。

2月17日，又一批1200名医务人员通过空运、铁路运输抵达武汉。据中部战区空军某场站政委赵世宏回忆，当他们接到运输医疗队的任务后，该场站负责登机、安检等保障工作，虽然这次乘机不需要登机牌，但他觉得很多医护人员第一次乘坐空军运输机，又是这么重要的任务，得留个纪念。

赵世宏与大家商议后，决定制作一张医护人员专属机票。虽然晚上才拿到乘机名单，但他们加班加点，找制作公司逐个联系。有一家图文制作公司本已歇业，但得知是给奔赴一线抗疫的白衣战士做登机牌，接到电话老板自己就赶过来了，终于在登机前一个小时制作完成。

自从有了党
—— 文物背后的家国故事

在运-20起飞前,医疗队员拿到了装有运-20登机牌和两块巧克力的"暖心加油套装",特别是看到印有自己姓名的登机牌后,队员们激动不已,多次自发热烈鼓掌。抵达武汉后,乘机的军队支援湖北医疗队队员顾亮亮给赵世宏微信留言:"感谢空军兄弟给我们的惊喜和感动,剩下的请交给我们!"

解放军支援湖北医疗队队员的专业态度和敬业精神,也给连续超负荷作战一个多月的地方医护人员带来了信心和力量。军地合力,凝聚起对抗疫情的磅礴力量。

后　记

出版一本讲述中国人家国情怀的书，是我一直以来的夙愿。由于工作关系，我了解到许多与此相关的动人故事，但一直没有精力将它们整理成册。直到去年下半年，在出版社编辑的建议与支持下，终于有机会促成这件有意义的事情。在成书过程中，我得到了很多单位的支持，以及领导和朋友们的帮助。

书中多数图片是我往年拍摄的，部分图片与资料由相关单位支持提供。比如，中共一大纪念馆、深圳博物馆、湖南党史陈列馆、隆平水稻博物馆、渡江胜利纪念馆、茅山新四军纪念馆、荣成博物馆、林州市博物馆、安源路矿工人运动纪念馆、天津博物馆，中共百色市委宣传部，等等。向为本书提供帮助的单位致以谢意。还有一些外地的朋友，成书期间协助我联络和搜集图片，尤其是上海的周立新和广州的姚林，帮忙拍摄了大量图片。在此，也一并表示感谢！

原中共中央党史研究室副主任冯俊是我的故交，在工作与生活上曾给予我很多指导。冯老师不仅欣然为本书作序，还在百忙中抽空把关书稿内容，深夜回复审读意见，对书稿中的问题一一订正。他对后辈的提携支持及严谨的学术态度令我钦佩，深感学无止境。特别向冯老师表示感谢！

自从有了党
—— 文物背后的家国故事

最后，感谢本书的策划编辑葛倩在选题、编加和设计等环节的认真细致。因时间原因，加之作者能力水平有限，书中不周之处敬请读者朋友批评指正。